직장인 적립식 배당투자

(동네 부자로 가는 길)

직장인 적립식 배당투자

발 행 | 2022년 06월 09일
저 자 | 농부투자자
펴낸이 | 한건희
펴낸곳 | 주식회사 부크크
출판사등록 | 2014.07.15.(제2014-16호)
주 소 | 서울특별시 금천구 가산디지털1로 119 SK트윈타워 A동 305호
전 화 | 1670-8316
이메일 | info@bookk.co.kr

ISBN | 979-11-372-8506-4

www.bookk.co.kr

동네부자로 가는

직장인
적립식
배당투자

농부 투자자(바보 농부) 지음

CONTENT

[프롤로그]   7

1.대한민국 현실

국민의 금융문맹   16
노후 빈곤과 은퇴 후 경제활동   21
소득 양극화   25
물가상승과 현금구매력 하락   27
잘못&변질된 욜로   29
경제부국과 국민 체감의 괴리   31
노후 준비 안되는 이유   36
흙수저 평생 모을 수 있는 돈   40
대한민국 현실을 마무리하며   43

2.기업투자

생산의 3요소   47
자본주의   48
기업투자   50
투자로 실패, 돈을 못 버 는이유   53
불로소득이 아니다   55
배당과 시세차익   56
조물주, 건물주, 배당주   59
투자의 5단계   62
정량적, 정성적분석   67
사업보다 기업투자   70
직장인에서 자본가 되기   73
경제적 자유를 얻어야 하는 이유   77
주가 오르는 4가지 이유   79
주가 상승과 하락 시의 반응   82
배척해야 할 것들   83
지향해야 할 것들   89
장기보유와 비자발적 보유   95
돌고 도는 시장의 관심   98
집중과 분산   100

기업투자 대충 살펴봐야 할 것   108

변동성과 위험성   109

주가 하락은 기회다   110

포트폴리오   111

탑다운, 바텀업   112

파이프라인 우화   113

월급을 무시 하면안된다.   115

돈, 일하게 하라 돈이 돈을 번다   117

3.투자는 철학, 원칙, 인문학
논리, 구조, 이성, 상식, 마인드, 인내의 집합체

투자자 vs 매매자   122

현명한 투자자   124

투자는 철학이다.   126

투자자의 마음가짐   132

투자자의 포지션   136

소비와 저축의 균형   141

매일, 매주, 매달, 매년 부를 쌓아간다.   144

티끌 모아 티끌, 티끌 모아 태산   147

가난, 부자되는 철학   151

시세의 원리, 세상의 흐름,   156

기업 지분은 보유하는 것   161

투자는 따분하고 지루하다   167

배당은 절대로 거짓말 하지 않는다.   170

주가는 꿈&이상, 배당은 쌀,식량   175

수량 모으는 맛, 수량이 甲이다(배당 우상향)   181

투자에 정답은 없지만 잘못된 방법은 있다.   198

타이밍이 아닌 타임   200

토끼와 거북이   203

읽어볼 글귀   205

바보 농부의 투자   207

4.동네부자의 길

모두 0에서 시작 220

홍청망청과 근검절약 223

꾸자사모 226

퇴직연금/개인IRP, 연금저축펀드 230

투자는 너무 쉽다 233

누구나 부를 이룰 수 있다. 235

기업과 동행하는 삶 240

멀리 내다보기 244

로우 리스크, 하이 리턴 245

안전마진과 투명 유리바닥 250

투자는 기다림이다. 256

복리와 시간의 마법 258

기업투자는 농사와 같다 265

투자는 곱하기 268

마음의 그릇 키우기 271

부자의 마음가짐, 그릇 280

경제적자유와 동네부자 281

5.백전백승 전법

正道와 실천 284

선승구전 289

올바른 사례들 292

투자 입문서 298

접근방법 305

시세차익은 덤 313

산 정상으로 가는 길 315

무엇을 사 모을 것인가? 317

어떻게 사 모을 것인가? 322

포트폴리오 구성 & 비중 331

바보의 여정 333

끝맺음말 336

프롤로그

안녕하세요. 36살의 부산에서 지극히 평범한 직장인으로 근무하고 있는 청년입니다. 제가 2018년 11월부터 2022년 6월까지 지난 3년 7개월간 기업투자에 관하여 공부하면서 느끼고 체감한 내용을 공유하고 싶어 이렇게 글을 끄적이게 되었습니다.

금융에 무지한 사람들이 대부분이기에 그들의 의식을 개선시켜 다 같이 잘살았으면 하는 마음이 생겼기 때문입니다. 저는 불과 2018년 11월 중순까지는 금융에 관련하여 아무것도 몰랐습니다.

꿈과 희망도 없이 하루하루 그냥 무의미한 세월을 보내고 있었고 막연한 노후 준비에 관한 생각과 미래가 보이지 않는 현실에 대하여 푸념하고 외면하며 퇴근 후 게임이나 TV 시청 등 그 순간에 걱정거리와 근심을 털어내는 삶을 살았습니다. 평범한 직장인 대부분이 저랑 비슷한 상황과 마음일 듯합니다.

그러다 문득 2018년 11월 초에 대학 친구의 부름에 우연히 술자리를 가지게 되었고 주식에 관한 내용을 접하게 됩니다. 주식투자(기업투자)를 꼭 해야 한다는 것을 저에게 당부하며 "신과 함께"라는 팟캐스트 정채진 편을 들어보라고 하였습니다.

대한민국 국민 대부분이 주식에 대한 인식이 좋지 않을 텐데 그때의 저는 아무것도 모르는 백지의 상태였기에 친구의 얘기를 듣는 둥 마는 둥 하였는데 집에 가서 곰곰이 생각해보니 "그래 일단 한번 뭔지 들어나 보자"하고 팟캐스트 앱을 내려받아 주말에 정채진 편을 집중해서 듣게 됩니다.

내가 몰랐던 또 다른 세상이 있음을 체감하고 그 이후부터는 호기심에 각종 뉴스 및 검색, 유튜브, 블로그를 통해 주식이란 게 무엇인가, 올바른 투자란 무엇인가 등을 시간 날 때마다 뒤적거리며 한 달 동안 정보를 탐색하며 여가를 보냈습니다.

33년 인생에 있어서 평생 처음 뉴스를 매일 틀어서 보게 되었고 각종 SBS, KBS, MBC스페셜과 다큐세상, 다큐 시선, EBS프라임, 다큐멘터리3일, JCTV의 차이 나는 클래스 등의 세상 돌아가는 프로그램들을 처음부터 끝까지 경제와 산업 관련 쪽으로 KT 올레 쿡티비로 돌려보기 시청하며 세상 돌아가는 것과 미래의 흐름을 알고자 하였습니다.

그리고 유튜브 및 블로그를 탐방하며 자본주의 사회에서는 무조건 꼭, 필수적으로 해야 하는 것을 깨달았고 正道의 길로 원칙과 철학을 정립하여 꾸준한 실천으로 투자를 해야 한다는 것을 1년 동안(2019년) 공부하며 직접투자에 참여하며 점차 체득하게 되었습니다.

지금껏 저에게 큰 영향을 준 인물. 즉 투자의 멘토는 많은 분이 계십니다. 주식 농부 박영옥 님, 존 리 님, 전원주 님, 최준철 님, 정채진 님, 냉철 님, 힐링 여행자님, JCTV님, 박춘호 님, 봉이 님, 마편배 라는 카카오 단톡방의 수많은 분 워런 버핏, 피터 린치 등등의 국내, 국외의 가치투자자와 현인들입니다.

그들이 말하는 투자의 철학과 원칙, 마인드를 제가 필요한 부분만 뽑아서 받아들이며 기업투자의 공부와 경험 등을 덧붙여 제 것으로 만들어 저만의 원칙과 철학을 정립할 수 있었습니다. 그 결과 투자에 실패는 없으며 백전백승의 전법을 깨닫고 실천하고 있습니다.

우리의 청년들과 학생들은 대부분이 금융교육을 받지 못합니다. 받을 기회도 없고, 관심도 없을뿐더러 신경도 쓰지 않습니다. 게다가 대부분 초중고, 대학교까지 공부 후 취직. 이 길만을 똑같이 비슷하게 걸어가는 거로 알고 있습니다.

저만해도 33살에 처음 금융에 대해 투자 스승인 대학교 친구에게 스치듯 접하게 되었습니다. 인식이 도박(노름)이다. 집안 망한다고 알고 있고 그나마 주변에 기업투자 하는 사람 중에 단언컨대 제대로 하는 이가 없습니다.

극소수의 인원만이 제대로 합니다. 제가 대충 말씀드리자면 1,000명 중 1명, 1만 명 중 10명, 10만 명 중 100명, 100만 명 중 1,000명, 1,000만 명 중 1만 명, 5,000만 명 중 10만 명. 즉 투자로 차곡차곡 성공하고 부를 이루고 노후를 대비하고 경제적 자유를 얻는 사람은 극히 일부입니다. 안타깝지만 그것이 대한민국의 국민의 현실입니다.

뒤에서 다룰 내용이지만 한국인의 빨리빨리 성격상 투자와는 맞지 않고 인간의 욕심과 본능, 자본주의의 이해 부족, 기업투자 공부 부족, 철학과 원칙 없음, 뇌동매매, 단기매매, 매매자의 포지션. 마인드와 인내의 부족 때문입니다.

매달 급여의 10~30% 등의 여윳돈을 근검절약하며 적절한 소확행을 하며 퇴직하는 그 날까지 평생 기계적으로 배당 우상향의 좋은 중소형, 대형기업을 사 모으며 배당 복리+적립금으로 복리로 굴리면 국민연금+배당금(셀프국민연금)으로 노후에 여유롭고 평안한 삶을 살 수가 있고 모든 국민의 염원인 경제적인 자유는 자연스레 따라옵니다. (년 배당 수천~억 단위로 가능)

저는 2018년부터 지금까지 매월 10~100만 원 사이 적립식으로 꾸준히 기계적으로 사 모으고 있습니다. 앞으로도 지속해서 흔들림 없이 근로소득으로 번 자금으로 기업의 지분을 사서 모을 것입니다. 바보의 목표는 경제적 자유를 넘어 동네 부자로의 진입입니다. 2026년에 경제적 자유를 목표로 근검절약하며 우직하게 나아가고 있습니다.

3년 7개월 동안 수많은 일을 겪었습니다. 미국과 중국의 무역전쟁, 중국의 사드 보복, 일본과의 무역마찰, 코로나, 러시아와 우크라이나의 전쟁. 투자경력 20~30년 해야 겪을 것들을 단 몇 년 동안에 모두 겪었기에 많은 마음공부가 되었습니다.

바보는 2019년~2020년 동안 대략 매주 1주에 1~2개의 기업을 발굴하여 실전과 같이 상상 투자 및 형님에게 투자권유 등을 통하여 150~160개 정도의 기업을 추적관찰하고 기록하며 실패 없는 투자를 이뤄냈으며 그로 인하여 저만의 원칙과 철학을 정립하였으며 투자의 올바른 정도를 깨우치게 되었습니다.

감히 한 치의 거짓 없이 백전백승했습니다. 그 이유는 급등, 테마, 단타, 귀동냥, 뇌동매매, 차트 매매 등등 헛짓거리로 접근하지 않았고 국내, 국외의 투자 현인들의 올바른 가르침에 귀 기울이고 적용하며 마음수련 및 인내로써 투자에 입문하고 공부했기 때문입니다.

며칠 뒤, 몇 달 뒤, 1년 뒤, 1년 몇 개월 뒤, 2년 뒤, 2년 몇 개월 뒤. 등등 언제인지는 알 수 없지만 저평가 기업은 반드시 제 가치에 올라오는 세상의 이치와 자연의 순리에 따랐기 때문입니다. 투자는 철학과 인내, 마인드입니다.

올바른 正道에 꾸준한 실천이 더해진다면 자본주의 사회에서는 누구나가 여유로운 노후와 미래가 보장된다고 생각합니다. 존 리와 박영옥, 여러 가치투자자 현인들의 말을 따라가면 투자로는 손실할 수 없습니다. 변동성은 개인이 조절할 수 없지만, 위험성은 개인이 충분하게 조절 및 관리를 할 수 있으며 승승장구할 수 있습니다.

이 책은 올바른 투자의 방향과 길은 여러 갈래가 있지만 제가 그간 느끼고 경험하며 깨우친 백전백승의 기업투자법을 허심탄회하게 풀어 드릴 것입니다. 모든 청년과 직장인분들, 퇴직자분들께 건강한 투자문화와 경제적 자유를 넘어 동네 부자로 이르는 길의 이정표가 되길 바라는 마음으로 작성하게 되었습니다. 바른 마음가짐으로 즐겁고 편안한 투자와 인생을 개척해

나가시길 바랍니다.

바보 농부(글쓴이)는 2018년 12월부터 현재까지 43개월을 적립식 배당투자의 투자계획과 목표 수립으로 매월 10~100만 원 이상을 꾸준하게 증권계좌에 차곡차곡 쌓아오고 있습니다. 제가 드릴 수 있는 것은 여럿 올바른 길 중에 바보의 관점에서의 길과 방향성, 목표지점을 시각화하여 소개하는 것입니다.

저는 현재 큰 자산을 이룬 사람이 아닙니다. 주위에 둘러보면 있는 아주 평범한 직장인 청년입니다. 미래에 큰 자산가가 될 수 있도록 연결된 길 위에서 페이스 조절하며 쉼 없이 뜀박질 중이며 보다 빠르고 안전하게, 최소의 시간으로 목표에 도달할 수가 있게끔 저 자신을 채찍질하며 발이 편한 마라톤 신발을 신고 바람의 저항을 최소로 하고 땀 배출 원활히 하는 티셔츠를 입고 묵묵히 뛰고 있습니다.

기업의 분석이라던지, 재무제표, 각종 숫자 등은 이 책에 없습니다. 바보는 초보자이며 지금도 그렇지만 앞으로도 늘 아무것도 모르는 투자 초보로 남을 것입니다. 농부이자 바보인 저는 아는 게 없습니다. 이 책의 모든 내용은 투자자로서 갖추어야 할 자격과 소양 등의 인문학적이고 철학적인 내용을 다루고 있습니다.

더불어서 저 역시 경제적자유와 동네 부자로의 길을 걸어가는 평범한 투자자입니다. 투자의 경력과 투자의 실력은 비례하지 않습니다. 그리고 남의 말도 너무 신뢰하지 마시기를 바랍니다. 오직 자신의 판단과 결정을 믿으시고 앞으로 나아가세요.

저 또한 투자 초창기 아무것도 모르는 시절이 있었고 몇 개월간 사고팔고 단타도 해보고, 수십 개의 기업을 1개씩도 사보고, 여러 시행착오를 겪었습니다. 투자 멘토들과 여러 뛰어난 일반인분들의 가르침을 하나둘 흡수하다 보니 결국 이것저것 잡지식이 쌓이고 특정 주제에 대해 바보만의 시선으로 바라보고 해석할 수 있게 되었습니다.

단순함과 꾸준함이 복리라는 시간을 만나 엄청난 시너지를 내고 투자하는 모든 분에게 큰 부를 안겨줄 것으로 바보는 확신합니다. 바보의 인생 목표는 투자로 부를 이루고 우리 가족 의식주 해결 후에는 모든 돈은 평생 매년 사회에 기부하며 사는 것입니다.

이 책의 모든 글은 아무것도 모르는 바보가 의식의 흐름대로 마구잡이로 작성한 것이니 대충 재미로 훑어보시고 이런 생각하는 바보도 있다고 하면 될 것 같습니다. 부디 처음부터 끝까지 재미가 없고 안 읽히시더라도 꼭 정독하셔서 한 명이라도 인생을 바꾸는 전환점이 되시길 바랄 뿐이옵니다.

아직 아무것도 이룬 것도 없고 동네 부자의 길로 달려가는 시점에 이런 책을 작성한다는 부담감은 있습니다. 저도 이 글을 읽으시는 분과 다를 바 없는 지극히 평범한 한 명의 청년 투자가이기 때문이죠.

다만 제가 드리고 싶은 말씀은 고급호텔의 주방장 출신이어야지만 식당을 차려서 음식을 판매할 수 있는 것이 아닙니다. 평범한 사람들도 식당을 차려서 맛집으로 거듭나게 키우고 성장시킬 수 있고 생활의 달인이 이를 증명합니다. 식당은 누구나 차릴 수 있고 식당마다 음식의 종류도 다르고 같은 음식이라 하더라도 사장님만의 각기 다른 요리법으로 운영합니다. 이에 바보는 바보의 식당에서 기존의 정형화된 요리를 바보만의 양념을 플러스하여 책이라는 식당을 차렸습니다

올바른 正道와 꾸준한 실천, 바른 마음가짐
세 가지만 숙지하시고 경제적자유의 산 정상을 향해~!

PS: 독자분의 친구, 동생, 형인 바보가 1~3시간 동안 혼자 떠들어 대는 상황으로 생각하고 이 책을 읽어주시기를 바랍니다. 전문적인 내용과 기업, 산업의 인사이트 등이 없으며, 재무분석 등의 숫자도 없습니다. 그냥 퇴직까지 기업의 지분을 꾸준히 사 모으자는 내용을 330p에 걸쳐서 길게 끄적인 책입니다.

2022.06
농부 투자자(바보 농부) 드림

1.대한민국 현실

-국민의 금융문맹

-노후 빈곤과 은퇴 후 경제활동

-소득 양극화

-물가상승과 현금구매력 하락

-잘못&변질된 욜로

-경제부국과 국민 체감의 괴리

-노후 준비 안 되는 이유

-흙수저 평생 모을 수 있는 돈

-대한민국 현실을 마무리하며

국민의 금융문맹

2016년인가 2015년도인가 OECD에서 조사한 자료가 있습니다. 그것의 내용은 대한민국의 현주소. 현실에 대해서 공지를 해준 것인데요. JTBC에서 앵커가 소개했었습니다.

- 자살률 1위
- 노인빈곤율 1위
- 남녀 임금 격차 1위
- 출산율 최하위
- 노동자 평균 근속기간 최하위
- 사회적 관계 최하위

안 좋은 것은 다 상위권이네요. 잘사는 사람은 계속 잘 살고. 평범한 서민들은 계속 도돌이표로 겉돌고 일부의 사람들은 스스로 깨우쳐서 자본주의에서 부의 테크트리를 타며 단계적으로 밟아 올라가지만, 전체적으로 보았을 때는 그 사례가 많지 않습니다.

왜 이렇게 되었을까요? 바로 국민이 금융문맹이기 때문입니다. 대한민국 경제는 1960년대부터 지금까지 고속 성장을 하며 나라가 풍족하게 잘살게 되었지만, 국민의 금융 수준은 그 옛날에 계속 머물고 있기 때문입니다.

2020년 코로나 이전에는 저축과 예금, 적금만이 자산을 지키고 불리는 방법인 줄 아는 사람이 많습니다. 우리의 부모님 세대는 그렇게 해도 되는 시대에서 그 방법으로 해오시며 자산을 일구고 불리고 키워오셨는데요 그것을 보고 자랐거나 그 가르침을 받았거나 직접, 간접적으로 영향을 받아온 것으로 알고 있습니다.

대부분 사람이 저와 비슷할 텐데 저로 예를 들자면 가정에서도 금융에 관한 교육을 받지 못했고, 학교에서도, 사회에 나와서도 받지 못했습니다. 즉 자기가 스스로 어느 계기에 의해서 깨우치거나 스스로 길을 찾고 구하지 못하면 절대 알 수 없는 구조였습니다. 2020년 코로나 이전까지는.

그나마 코로나로 인하여 이번에 많은 분이 투자의 필요성은 알게 되었는데 준비 없이 아는 것 없이 뛰어들어 문제가 되고 있습니다만 저는 그래도 10대~20대의 나이에 세상의 큰 흐름이 변하게 되어 투자의 필요성을 인지했다는 것 자체가 큰 축복이라고 생각합니다.

보통의 평범한 사람들은 투자라는 것 자체를 접해보지 못하는 상황에서 나이가 들게 되고 뒤늦게 배운 도둑질에 밤새는 줄 모른다고 잘못된 방법으로 접근하여 큰돈을 일시에 잃어버리는 일이 비일비재합니다.

현재 나이 36살, 바보 농부는 3년 전인 2018년 11월에 대학교 친구 한 명과 우연히 술자리를 하게 되면서 기업투자를 처음 접하고 알게 되었는데 인생의 전환점이 되었습니다. 그날 이후로부터 저는 그 친구를 투자스승님이라 칭하고 있고 늘 감사하게 생각하고 있습니다.

늦게 시작한 만큼 마음이 급했고, 그동안 대책 없이 살아서 투자할 종잣돈도 지금 당장 수중에 없었기에 매월 10만 원~100만 원 이상의 기준을 잡고 꾸준하게 18년 12월부터 지금까지 기업의 지분을 사 모으는 중입니다.

오로지 예, 적금만 선호하고 기업투자 및 부동산투자는 도외시하는 대부분 사람이 금융문맹인데 돈의 소중함과 관리방식을 알아야 하며 스스로 나의 인생을 설계하는 시간과 교육이 필요할 것입니다.

공부 잘한다고, 사회적지위가 높다고, 나이가 많다고, 금융에 대해 잘 아는 것이 아닙니다. 금융문맹이 왜 문제가 되냐면 노후 준비가 안 된다는 것, 나로만 끝나지 않는다는 것입니다. 부모가 금융문맹이면 자녀도 같이 영향을 많이 받습니다.

자녀가 스스로 깨우쳐 자기 살길을 찾으면 문제가 되지 않는데 애초에 환경초성이 되지 않으면 자녀가 나아가는 길에 도움보다는 방해가 많이 되겠죠. 오직 공부만을 강요하고 거기에서 좋은 성과를 내기를 바라는 것도 큰 문제가 됩니다.

공부만 잘해서는 아이가 부자로 산다는 게 말이 안 되기 때문입니다. 극단적으로 말씀드리면 학교 내 1등, 지역 1등 및 전국 1등 해서 아무리 좋은 직장에 입사한다 해도 결국은 월급쟁이입니다. 직장인은 자본주의 회사 내에서는 줄이면 줄일수록 좋은 판관비의 위치입니다.

대기업의 월급쟁이보다 사람들이 끊임없이 찾는 작은 규모의 맛집 사장님이 훨씬 돈을 잘 벌고 부를 이룰 수 있습니다. 물론 공부를 잘하고 열심히 해서 좋은 직장에 들어가는 것이 좋습니다만 절대적인데 아니라는 것을 말씀드립니다. 좋은 직장에 괜찮은 연봉을 받을수록 근로소득이 커지니 근로소득이 적은 것보다 남들보다 시작이 빠른 지점에서 출발할 수 있다고 생각하면 될 것 같습니다. 부를 이루기 위한 출발선 상이.

자녀에 교육에 대한 투자는 적절히. 그저 과하지 않게 적절히 해주고 전부를 걸지 말라는 말씀을 드립니다. 뒤에 다룰 내용이지만 적절히 자녀 교육비를 보태고 나머지는 진정 자녀의 미래를 위한다면 좋은 기업의 지분을 사모아 주어 10년, 20년, 30년 뒤 아이에게 복리를 극대화해주어 성인이 되고 사회생활을 시작할 때 이미 부의 자격을 갖춘 상태로 만들어 줄 수가 있습니다.

다시 돌아와서 금융문맹의 큰 문제점은 근로소득만을 추구하며 자본주의를 이해, 실천하지 못하기에 다람쥐 쳇바퀴 돌 듯 악순환으로 되풀이됩니다.

1. 근로소득의 우상화, 신격화

2. 자본소득 배척(불로소득으로 폄하)

3. 기업의 성장과 부를 가정이 공유 못 함

4. 부모의 노후 빈곤과 자녀의 복리 기회 박탈

5. 자녀의 노후 빈곤(사는 동안 스스로 깨닫지 못하면)

대한민국의 금융 문맹률은 심각한 수준이며 그로 인하여 살아감에 있어 소수의 사람 빼고는 국민은 늘 경제적인 어려움이 동반되어 따라오게 됩니다. 돈으로부터 자유롭기 위해서는 돈을 공부하고 돈이 일하게 하는 방법을 공부하고 깨우쳐야 하겠습니다.

"돈을 어떻게 벌고, 소비하고, 투자할 것인가에 대해 효과적이고 합리적으로 결정할 수 있는 지식을 지닌 사람이 금융문맹을 탈출한 사람"
-존 리-

개인적으로는 존 리 님과 박영옥 님을 기본적인 베이스로 두고 다른 투자 멘토들의 귀한 가르침들을 하나둘 살을 덧붙여 바보 농부만의 철학과 원칙을 정립했는데요.

금융문맹을 탈출하기 위해서는 올바른 말을 하는 모든~투자 선배들의 이야기들, 책 내용을 흑백 논리로 보지 마시고 버릴 것은 버리고 필요한 것만 취해서 쏙쏙 뽑아 자기 것으로 융합시키면 될 것 같습니다.

노후빈곤과 은퇴후 경제활동

금융문맹의 결과로 훗날 자연스럽게 따라오는 것이 노후 빈곤입니다. 평범한 사람은 아무리 한평생 노력해도, 근로소득에만 집중하면 벌어지는 일이죠. 현실이 변하는 일은 결단코 없을 겁니다.

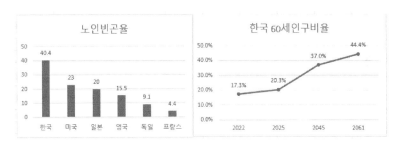

(통계청, OECD)

65세 이상 인구가 오는 2025년에는 5명 중에서 1명, 10명 중에서 2명이 되는데 초고령화 사회로 진입하게 됩니다. 풍부한 먹거리와 의료의 질이 높아짐에 따라 인간의 수명은 100세 시대를 넘어 계속해서 늘어나고 있기에 준비가 되어있지 않은 사람들에게는 퇴직 후 삶을 영위하면서 크나큰 재앙이 될 수도 있는 부분입니다.

[기초연금 수급자 추이]

	2014.07	2015	2018	2019.03	2022
65세	641만5천	677만1천	763만8천	773만6천	
수급자	423만8천	449만5천	512만5천	520만6천	628만??
수급률	66.07%	66.39%	67.10%	67.30%	

노인 단독가구 기준 2022년 1월부터 월 소득인정액 180만

원 이하이면 기초연금을 받을 수 있게 된다고 합니다. 기초연금이란 노후 보장과 복지 향상을 위해 65세 이상의 소득인정액 기준 하위 70% 어르신에게 일정 금액을 지급하는 제도입니다. 2008년부터 시행해 온 기초노령연금제도를 개정해 2014년 7월부터 시행되었다고 하네요.

2021년 12월 30일 뉴스 기사에서 2022년에는 수급자가 628만 명이 될 것으로 예상한답니다. 초고령화의 사회로 넘어가면서 늘어나는 노인인구와 기대수명으로 앞으로도 미래를 준비하지 못한 안타까운 노인분들이 계속 늘어날 전망이니 마음이 아픕니다.

노인 자살률 OECD 국가 중 10년 이상 1위, 그 원인 1위가 경제적 어려움입니다. 이렇듯 한국 노인 빈곤은 OECD 최악이고 주위를 둘러보면 심심치 않게 보는 것이 폐지 줍는 노인과 60세 전후로 퇴직한 후 여전히 노동하는 분이 많습니다.

물론 자아실현을 위해 하는 예도 있겠으나 경제적 목적을 가지고 근로를 하는 분이 더 많다고 볼 수 있습니다. 또 쪽 방에서 기초수급비로 한 달을 아껴서 생활하시거나 의료비가 없어 아파도 제대로 된 치료를 받지 못하는 분도 많이 계십니다.

안타깝습니다. 첫 취직을 시작할 당시부터 퇴직 시점까지 전혀 준비되지 못한 상태로 노후를 맞이하게 되면서부터 비극이 시작되었으리라 봅니다. 자녀 키우고~ 집사고~ 돈 들어갈 일이 많습니다. 하지만 가랑비 옷 젖듯이 천천히 일찍 미리 준비하는 자가 더 적은 금액으로 여유롭게 복리를 이용하여 노후를 대비할 수 있습니다.

보통 퇴직 10년 전, 혹은 5년 전, 혹은 퇴직 직전 발등에 불이 떨어지니 헐레벌떡 발바닥 땀나게 노후 준비 시작하는 경우가 많고 아예 대비 안 하는 분도 가끔 있을 줄로 생각됩니다.

나이 들어 주위에 평범한 사람은 대부분 가난하다고 보면 될 것입니다. 평생 일해야 합니다. 아픈 몸을 이끌고. 노후 빈곤을 슬기롭게 준비 및 대비해야 하며 이겨내야 하는 국민 모두의 숙제라 생각이 듭니다.

2021년 9월 29일 뉴스에서는 2020년도 65세 이상 고령자 고용률은 34.1%(전년 32.9%) 대 비 1.2%포인트 상승했고, 고령화 추세와 더불어 노인들의 경제활동도 늘고는 있지만, 이들의 생활은 여전히 주요 선진국보다 상대적으로 매우 팍팍하답니다.

2019년 4월 22일 뉴스에는 국민연금 수령 고령자 90%가 은퇴 후 계층 하락을 경험했으며 은퇴 전의 소비 수준을 유지하는 비율은 100명 중 1명(0.6%)에도 미치지 못한다고 합니다. 또한 KEB하나은행 소속 하나금융경영연구소가 국내 65~74세 국민연금 수급자 650명을 대상으로 설문을 시행한 결과 응답자 중 은퇴 전 스스로 상류층으로 인식했다가 은퇴 후에는 81.3%가 중산층으로, 6.3%는 저소득층으로 전락했다고 답했다고 합니다.

사회구조 및 금융교육 부재로 은퇴 후 죽을 때까지 일을 놓지 못하고 생계를 위해 하는 분들이 대부분입니다. 물론 안 움직이고 가만히 쉬며 취미활동 등 편안하게 지내면 따분하기도 하고 오히려 건강이 안 좋아지기 때문에 몸이 허락하는 한 적절한 사회활동으로 자아실현 하며 무슨 일이든지 돈을 떠나서 활동적으로 하며 사는 게 맞는다고 봅니다.

다만 우리가 퇴직한 후 일하면서 경제적 목적이 주가 되면 얼마나 슬픈 일입니까. 평생 젊었을 적부터 청춘을 바쳐 가족을 위해 열심히 일했고 이제 인생의 여유로운 후반전이 되어야 하는데. 선진국인 미국에서는 이러한 시점에서는 노후에 여가와 자아실현을 하며 행복하고 즐겁게 사는 퇴직자가 대부분입니다. 젊을 적부터 노후 준비를 착실하게 해온 탓이겠지요.

미국은 별거 없습니다. 401K라고 퇴직연금을 첫 직장 때부터~퇴직까지 급여의 일정부분을 떼어내서 그냥 입금하여 10~30년 뒤 마르지 않는 은퇴자금으로 눈감을 때까지 쓰는 것이지요. 선진국은 퇴직연금을 50% 이상 주식자산으로 굴리지만 우리는 2020년 이전까지 1% 정도라고 알고 있습니다.

①개인연금 펀드(개인연금 x)나 IRP--수동적
②.ISA&주식계좌 개설해서 직접적으로--적극적

큰 틀에 있어 2가지 방법이 있습니다. 내용은 뒤에서 다루기로 하겠습니다.

소득양극화

우리나라뿐 아니라 전 세계적으로 부의 양극화가 극심하며 계층 간의 갈등이 심화하고 사회적 문제도 대두되고 있습니다.

2021년 10월 12일 뉴스에 년 2,000만 원을 이자&배당으로 받은 미성년자 2015년 753명에서 2019년 2,068명으로 2.7배 증가했다고 합니다. 2015년 753명, 2016년 893명, 2017년 1,555명, 2018년 1,771명, 2019년 2,068명

년 2천만 원 이자&배당받는 미성년자 2,000명. 평균 1억넘고. 금융소득 97.6%는 배당. 주식 대물림이 대부분이며 미성년자들이 배당소득으로 근로소득자 평균임금의 두 배 이상을 벌고, 건물주로서 임대소득을 받고 있습니다.

①부의 쏠림현상

금융소득(배당, 이자) > 부동산 소득 > 근로소득

②배당소득

상위 1%가 전체 배당소득의 70%

상위 10%가 전체 배당소득의 94.4%

③이자소득

상위 1%가 전체 이자소득의 46%

상위 10%가 전체 이자소득의 90.7%

(JTBC 차이 나는 클래스)

JTBC 차이 나는 클래스의 강의에 따르면 부동산은 상위 1%

가 전체 55%를, 상위 1~10%가 전체의 97.6%를 소유하고 있고 나머지 2.4%의 땅은 90%의 사람들 소유입니다. 자산은 상위 1%가 전체의 26%를. 하위 50%가 2%를.

상위의 소수 인원이 우리나라의 부동산이며 자산들을 독점과 다를 바 없이 싹쓸이로 가지고 있습니다. 또한 이미 태어날 때부터 많은 주식을 부여받고 태어나 그냥 1살 때부터 계속 자본소득이 평범한 직장인보다 더 많이 매년 들어옵니다.

이것을 불공평하다고 불평할 것이 아니라 이 모든 게 대다수 국민의 금융 무지와 부모님들이 우리에게 가르쳐주지 않았고 그 위의 할아버지 할머니가 우리 부모님께 가르쳐주지 않아서입니다.

평범한 철수, 영희는
생산성 있는 자산인 부동산, 기업 지분을 꾸자사모 해야 합니다.

자본주의를 이해하고 현명하게 이용해야 합니다. 이미 세상은 불공평하고 시작이 모두 똑같지 않습니다. 태어나면서부터 환경과 위치가 일차적으로 결정되어 버리고 그것을 타개하고 극복하며 갇힌 틀을 깨기 위해서는 각자의 위치에서 무슨 직장이든 현금흐름을 구하서서 근로소득을 자본소득으로 바꾸는 작업을 계속해 나가야 합니다.

물가상승과 현금구매력 하락

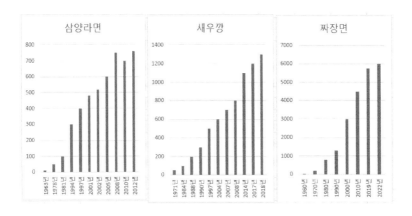

최근 뉴스에 직장인들이 점심값 지출을 줄이는 추세라는 기사를 본 적이 있습니다. 구내식당을 찾거나 편의점 도시락 등으로 점심을 해결하는 사람들이 많아졌다네요.

바보가 체감한 바로는 1990년대 즈음 초등학교 시절(글쓴이는 빠른 88년생 36살입니다)과자 1개가 200원 했는데 요즈음은 봉지 과자 1개가 1,500원~2,000원합니다. 단순히 과자로 얘기했지만 모든 품목에서 물가가 매년. 항상. 꾸준히 상승 중입니다.

앞으로 10년~20년 뒤는 얼마나 더 오를지 모르겠네요. 밥값도 많이 올라 직장인들의 큰 부담이 되고 있는데 걱정이 됩니다. 월급 오르는 속도는 더딘데 물가 상승률은 계속 커져만 가는 사회의 흐름을 우리 개인이 바꿀 수도 없게 순응하며 살아가야 하는데 그 속에서 대안을 찾아야 하지 않겠습니까?

자본주의에서는 물가상승과 더불어 현금구매력의 하락도 동시다발적으로 동반하여 발생하게 됩니다. 1년 전, 5년 전, 10년 전, 20년 전의 돈 1만 원의 세월의 흐름에 따라 계속 하락합니다.

전 국민이 아이부터 어른까지 과거에서 지금까지 살아오며 크든, 작든 경험하셨으리라 생각합니다. 그것이 인플레이션과 현금구매력의 하락이라는 것을 일부 인원에서 모르는 분이 계셨을 뿐이지요.

과거에 비추어 앞으로의 미래는 어떤 모습일지 상상해보면 마찬가지로 제품 등 소비재며 사회 전반적으로 모든 것들의 가격이 차근차근 상승할 것이고 노동력의 가치 감소와 함께 화폐의 가치도 하락하며 일반 평범한 사람들에게는 악순환이 반복될 것입니다.

이를 극복하기 위해서 가만히 있으면 가마니가 되는 현금을 신줏단지처럼 귀하게 모시면 안 되고 화폐를 매개체로 하여 생산성 있는 자산을 소유하여 빡빡하게 굴려야 합니다. 즉 현금은 물론 일정 비율로 보유하고 있어야 하지만 딱 거기까지입니다.

현금을 귀하게 여기면 안 되고 열심히 일을 시키며 동반자&부하로서 생각하고 괴롭혀 주어야 나의 찬란한 미래와 삶의 질이 풍요로워지는 데 도움이 됩니다.

잘못&변질된 YOLO

불확실한 미래보다 현재에 집중하는. 지금 당장 행복을 추구하는 것이 YOLO입니다. YOU ONLY LIVE ONCE. 모두 그런 것은 아니지만 대부분의 10~30대 청년들은 "소확행", "YOLO" 등의 좋은 면이 아닌 안 좋은 부분만을 따르며 실천하고 있는 듯합니다.

소확행과 YOLO는 의미도 좋고 뜻도 좋은 말입니다. 인생에 있어서 주인공은 각자 본인이며 하루하루 즐겁고 행복한 삶을 살아야 하는 것은 당연하며 그리 살도록 노력해야 합니다. 다만 극단적으로 치우쳐 방탕하게 즐기기에만 한쪽으로 쏠리면 훗날 다가올 미래를 외면하여 대비하지 못하게 되고 나이가 들어서 고생길이 불 보듯 뻔합니다.

빚내서 해외 여행가고 딱히 그리 필요가 없는데 차 사고(필요하면 반드시 사야 함) 옷과 신발 많은데 계속 과소비로 하고. 하고 싶은 것, 갖고 싶은 것들을 하면서 지금의 행복과 만족감을 위해서 누리고 사셔야 합니다.

다만 적당한 소비와 적절한 미래 대비 이것만 균형 있게 하면 무엇을 어떻게 하고 살든 상관이 없을 듯합니다. 개인의 삶은 한 번뿐인 소중한 것이니까요. 과거로 시간을 되돌릴 수 없고 시간을 돈으로 주고 살 수도 없으니 말입니다.

"YOLO"의 반대말이 "파이어족"입니다. 이들은 하루빨리 바짝 자산을 키워서 퇴직하여 여유로운 생활을 누리며 사는 삶을 추구합니다. 20~30대 직장인 중에 많은 붐이 일어나고 있는데요. 현재 50대, 40대, 30대, 20대. 10대 세대가 더 젊어질수록 가치관과 생각이 점점 자유분방해지며 틀에 박힌 사고방식에서 벗어나 본인의 삶을 더 적극적으로 쟁취하려는 경향이 강해지고 있기에 이런 용어들이 생겨났다고 봅니다.

일과 휴식, 건강과 행복, 여행과 취미, 등등. 지금 30대인 저를 기준으로 부모님 세대와 저는 분명한 차이가 있고 아랫세대인 20대 10대와도 가치관이 많은 차이가 있습니다.

이렇듯 바짝 벌어 저축하며 일(노동)에서부터 자유를 꿈꾸며 인생을 즐기려는 사람, 그리고 아예 나 몰라라 뒷일 생각 없이 막 쓰고 즐기는 두 집단 사람들의 수가 점점 늘고 있고 YOLO와 FIRE에서 어느 한쪽으로 치우치기보다는 양쪽의 균형 잡힌 삶을 사는 것이 장기적으로 봤을 때 더욱더 안정적이고 탄탄하게 인생을 설계할 수 있으리라 봅니다.

무작정 절약한다는 건 말이 안 되고 그렇다고 무분별한 소비를 하는 것도 안 되고 솔루션은 하고 싶은 거 적절하게 하면서 미래 대비도 하는 그런 균형적인 삶이 평범한 직장인의 대안입니다.

2번 살 수 없는 하나뿐인 우리의 인생.
현재의 만족감과 행복감에만 빠져들어서
미래를 준비하지 못한다면 분명 후회하는 삶이 될 것입니다.

경제부국과 국민체감의 거리

가계·기업 소득 증가율 추이

20%   기업
15
10
5
가계
0
자료: 산업연구원

1975~1997   2000~2006   2006~2010

국민총소득(GNI)

4500
4000
3500
3000
2500
2000
1500
1000
500
0

2012 2013 2014 2015 2016 2017 2018 2019 2020 2021

국민소득을 더 정확하게 반영하기 위해 나온 경제지표가 국민총소득(GNI)입니다. 1990년대부터 현재까지 지속해서 우상향하고 있습니다만 기업소득과 국민의 가정소득은 서로 정반대의 방향으로 흘러가면서 기업과 가정의 부의 격차가 발생하게 됩니다.

현재는 21세기 4차산업혁명에 진입하고 있는 시대 상황으로써 갈수록 자동화, 기계화되어 노동력의 필요성과 가치와 효용성이 점차 줄어드는 시대입니다. 최근 2020년도부터 코로나가 발생하였는데 이는 그 속도를 더욱 증가시키게 되는 매개체가 되었습니다.

다가올 10년 뒤, 20년 뒤, 30년 뒤, 그 이상의 시간을 생각해보면 사람들이 필요한 재화와 서비스를 제공하는 기업은 계속 더욱더 성장하며 발전할 테지만 지난 과거에 비추어 현재를 보면 미래는 개인과 가정의 소득은 그렇지 못할 것이 당연지사 아니겠습니까. 심하면 심했지, 덜하지는 않을 테니 말입니다.

바보가 보는 크게 두 가지의 문제점
①기업소득 > 개인소득
②국내기업 외국인 지분의 증가

기업은 지속해서 성장하며 돈 잘 벌고, 소득 상위 계층은 생산 수단을 가지고 있어서 계속해서 돈이 돈을 버는 부의 증가가 되는데 평범한 가정의 소득은 급여는 뻔한데 노동력으로만 이 험난한 자본주의 세상을 살아가는 것이기 때문에 밑 빠진 독에 물 붓기와 다를 바가 없다는 바보의 개인적인 생각입니다.

평소에도 전 세계적으로 돈을 찍어내는데 이번에 코로나로 인하여 어마어마 무시한 돈을 찍어낸 것으로 알고 있고 앞으로도 더 많은 돈이 찍혀져 나올 것입니다. 이 풀린 돈은 기업과 부동산 등으로 가게 됩니다. 이로 인하여 자산의 가격은 하늘 높이 치솟게 되죠.

두 번째로는 국내의 돈 잘 버는 좋은 기업은 외국인들이 지분율을 많이 차지하고 있습니다. 기업소득 > 가정소득과 연계된 문제인데 배당 우상향의 좋은 기업들의 지분을 외국인이 높은 비율로 들고 있어서 기업이 매년 성장하며 버는 돈의 이익이 국민에게 돌아가지 못하고 외국인 주주들의 주머니로 들어가게 됩니다.

2022년 3월 외국인지분율(사라는 게 아니라 현실 직시의 예입니다.)

삼성전자 **51.79%**
삼성전자우 **74.05%**
삼성화재 **48.32%**
삼성화재우 22.65%
LG 36.39%
LG우 **43.09%**
효성 7.39%
GS 19.09%
GS우 9.56%
대상 10.43%
대상우 3.62%
SK 21.56%
SK우 0.71%
CJ 17.44%
CJ우 8.30%
CJ4우 3.95%
한화 15.86%
한화3우B 11.71%
NH증권 18.06%
NH증권우 5.48%
미래에셋증권 13.97%
미래에셋증권2우B 11.71%
KT&G 37%
NICE 19.01
맥쿼리인프라 14.01%

현대차 26.30%
현대차우 **57.39%**
현대차2우B **62.14%**
현대차3우B 22.84%
현대모비스 34.12%
기아 34.66%

삼성SDI **43.32%**
삼성SDI우 16.64%
삼성전기 29.26%
삼성전기우 8.06%
삼성SDS 11.42%
삼성생명 12.70%
삼성물산 15.76%

CJ제일제당 22.49%
CJ대한통운 20.07%

LG생활건강 **40.93%**
LG생활건강우 **83.59%**
LG유플러스 **75.09%**
LG화학 **48.46%**

SK스퀘어 39.24%
SK하이닉스 50.62%
SK이노베이션 23.26%
SK이노베이션우 12.07%

S&T모티브 19.13
LIG넥스원 7.66%

네이버 54.62%
카카오 28.73%

포스코 53.17%
코웨이 61.22%
에스원 53.09%
KCC 10.77%
아프리카tv 41.13%

KB국민 **72.47%**
신한지주 **62.04%**
BNK금융지주 39.95%
우리금융지주 34.66%
하나금융지주 **71.08%**
한국금융지주 34.98%

농심 12.40%
오리온 36.78%
오뚜기 11.60%
하이트진로 6.70
빙그레 20.93%

동아쏘시오홀딘스 12.25%
종근당 7.80%
대한항공 25.07%

우리나라 대부분 돈 잘 버는 좋은 기업들은 외국인들의 지분율이 어마어마합니다. 국민은 아무것도 모르는 사람이 대부분이기 때문에 기업이 성장하고 국가가 성장하는 만큼 이윤을 나눌 수가 없는 것이지요. 그 옛날 토지주인이 되려고 노력해야 하는데 자본주의와 금융을 배우지 못하고 이해하지 못하여 소작농의 인생을 살아가고 있습니다.

저는 2019년 초에 이 내용을 눈으로 확인하고 눈이 번쩍 뜨였습니다. 그간 모르고 있었던 것이 너무나 한심하더군요. 아 왜 한 살이라도 어릴 때 누가 알려주지 않았을까. 왜 스스로 공부하려고 시도해보지도 못했을까? 중학교 때나 고등학교 때라도 알았으면 아르바이트 및 용돈 등으로 차곡차곡 기업의 지분을 사 모으고 했으면 20년 이상이라는 세월을 복리로 굴릴 수가 있었는데 말입니다.

모든 기업을 여기서 다 언급하기는 어려우나 위에 대충 제가 생각나는 대로 목록을 작성하고 조사하니 외국인들의 지분율이 상당합니다. 이처럼 외국인들은 우리나라 돈 잘 버는 알짜 기업에 주식을 대량으로 가지고 있습니다.

뉴스에서 보도하기를 외국인이 주식을 매도(판다)는 내용이 뜨면 우리 코스피, 코스닥 주가가 밑으로 꼬꾸라지거나 경제가 위험하다 등등 말이 많은 것입니다. 국내 대다수의 기업 지분율이 우리나라 국민이 아닌 외국인이 많아서 벌어지는 일이며 기업이 번 돈의 이윤(배당금)도 상당히 큰 금액이 외국인들이 나눠 가지게 되지요.

삼성, LG, SK, CJ, 현대 등의 우리나라에 누구나 아는 위대한 기업들이 아무리 성장하고 발전하여 나라의 경제가 좋아져도 우리 국민은 절대 그 성과와 과실을 나눌 수가 없습니다. 설명해 드린 대로 그 기업의 주식. 지분을 가진 사람이 없었기 때문입니다.

기업의 제품을 일방적으로 소비만 하는 평범한 보통의 사람들은 이러한 현실 때문에 아무리 3만 불, 4만 불, 5만 불 쭉쭉 성장해도 기업은 잘 먹고 잘살고 국민은 계속 허덕이는 것이 이 자본주의의 시스템에서 현명하게 대처하지 못하기 때문입니다.

기업의 지분 즉 생산 수단을 모으며 보유하는 삶을 살지 않고 있고 그런 교육이 없었습니다. 한번 곰곰이 생각해보실 문제입니다. 지금까지의 나는 어떤 정보와 지식으로 자본주의를 이해하고 살아왔는지를..

기업의 지분을 들고 있는 자는 기업이 성장하고 발전함에 따라서 매년 늘어나는 배당을 받으며 기업과 같이 자산이 우상향하게 됩니다. 즉 넓게 보면 전 세계, 인류는 영원히 성장하는데 거기에 같이 발맞추어서 나아가려면 국내, 국외의 기업의 지분을 사 모으면 되겠습니다.

노후준비가 안되는 이유

금융교육의 부재

사교육&과도한 보험

불필요한 소비&겉치레&생활 습관

①금융교육의 부재

금융교육 예를 들면 저만해도 직장에서 점심시간에 금융기관에서 직장 내 성폭력 및 개인정보 보호법 등을 교육해주면서 1+1 개념으로 자기네 은행 상품 소개하는 것으로 처음 접하게 되었습니다. 그전에 학교, 직장, 가정, 친구들 그 어디에서도 금융 관련해서 그 어떤 것도 알려주지 않았습니다.

집에서는 근검절약 및 저축, 적금만 주야장천 귀에 딱지가 생길 정도로 30 몇 년 세월을 들었네요. 이게 큰 문제점입니다. 코로나 이후로 조금은 바뀐 게 있겠지만 그 자본주의의 본질에 대한, 투자의 본질에 대한 복리에 대한 올바른 가치관과 철학은 쉽사리 체득하지 못할 것 같습니다.

②사교육 & 과도한 보험

결론적으로 너무 자식에 집중한다고 볼 수 있습니다. 교육비막 지출하여 다른 집 자녀들과 뒤처지지 않게 똑같이 한다고 하지만 그것은 자녀를 부의 길로 인도하는 길이 아닙니다. 평범한 집안에서도. 중산층 가정에서도. 부유한 가정(상류층)에서도 자기 형편에 맞게 하면 그나마 괜찮은데 그 이상을 초과하여 무리하게 아이에게 투자하는 경우가 대부분입니다.

그 교육열이 엄청납니다. 제가 직업 특성상 여러 사람을 만나는데 만나본 일반 가정의 어머니와 대화해보니 학원 1~2개는 기본이더군요. 상류층은 학원 개수 상관없이 원 없이 엄청나게 보내도 상관이 없습니다.

평범한~중산층 가정은 자식에게 모든 것을 쏟아부으면 안 된다는 개인적인 생각이고 사회적인 문제점입니다. 학원 보내지 말라는 것이 아니라 3개~4개 보낼 거를 합리적으로 1개, 2개 보내고 나머지 돈으로 그 아이의 미래를 위해 기업 지분을 사줘야 합니다. 또한 아이가 원하지 않는데 억지로 학원에 보내면 그것 또한 올 바른 게 아닙니다. 진정으로 아이가 부자가 되길 바란다면.

교육비로 가정 내의 소득을 넘어서거나, 허리가 휠 정도로 소비된다면 그것은 아이와 부모 모두 불행해지는 쪽으로 균형의 추가 기울게 됩니다.

보험도 딱딱 필요한 것만 가입하고 관리하셔야 합니다. 보험에 1인당 백만 원까지 내는 분도 직접 목격했었고 많은 분이 불필요한 보험을 내는 사례가 많은 것으로 알고 있습니다.

적절하게 필요한 보험에 가입하고 인생의 미래를 설계하시면 되고 부적이라 생각하고 들어 놓고 안 쓰면 그게 최고입니다. 혹시나 안 좋은 일에 대비하여 드는 게 보험이니 보험 든 거

혜택 안 보고 사는 게 감사하고 이상적인 삶이라 하겠습니다. 과하고 형편에 맞지 않는 보험과 교육비 납부는 부모와 자녀의 미래 기회비용을 갉아먹습니다.

③불필요한 소비&겉치레&생활 습관

차를 예로 들어보겠습니다. 일단 결론은 필요하신 분은 반드시 사셔야 합니다. 굳이 불필요한 사람도 사니까 문제가 되는 것이죠. 우리나라 교통이 참 잘 되어있습니다. 지하철과 버스, 택시 도시 곳곳에 인프라가 잘 구축되어 있습니다.

차는 감가상각으로 시간이 지남에 따라 가치가 계속 하락합니다. 그런데 요즘 20대 30대가 카푸어라고 비싼 고급외제차를 경제적으로 감당이 안 되는 상황인데 거의 전액 대출로 사고 라면으로 먹고 살면서 하차감, 본새, 간지, 있어 보이기 위해 소모성 자산에 돈과 미래 기회비용을 내다 버리는 일이 많다고 합니다.

저도 투자에 입문하기 전에는 마찬가지였었는데 평범한 대다수 청년은 막 쓰고 다음 달부터 모으자. 이런 마음이 크고 매달 반복되는 상황 속에서 모으는 돈은 없고 항상 +보다 -안되면 다행일 정도로 그런 소비를 하고 있을 것입니다.

선 저축 후 소비!! 이것이 제일 이상적입니다. 이게 이뤄지지 않으면 자산 증가는 없습니다. 살 것, 입을 것, 먹을 것, 즐길 것 넘치는 게 21세기 자본주의 대한민국입니다. 소비만 하려면 끝도 없습니다. 당장 1천만 원 주고서 하루 만에 다 써보라 하면 못 쓸 사람이 없죠. 1억도 마찬가지로 소비하는 데는 문제될 게 없습니다. 모으는 게 힘들지 쓰는 거야 순식간입니다.

남의 시선 및 차량 등 너무 크게 신경 쓰는 것도 문제입니다. 어릴 때부터 시작되어 집니다. 학교에 친구들이 어느 것을 이용하고 있으면 다 따라 삽니다. 없으면 그 무리에서 소외될 가능성이 크기도 하고 남들 있는데 내가 없으면 자격지심이 뒤따라오는 사회 속에 살고 있는 듯합니다.

남이 사면 따라 사야 하고, 남이 하면 똑같이 따라 하려 하고, 내 상황과 지인의 상황을 비교하고 저울질하며 살고 있습니다. 참새가 백조 따라가면 가랑이가 째지는 법입니다. 하루빨리 바뀌어야 하는데 제가 볼 때는 지구가 멸망할 때까지 인간 본능과 본성에 의해서 바뀌지 않을 것 같습니다.

절제와 소비의 적절한 균형을 맞추며 종잣돈을 차곡차곡 모아야지만 자산의 증식이 가능하리라 봅니다. 투자는 매일 먹는 커피를 약간 줄이고, 매일 피는 담배를 줄이고, 술을 줄이고 외식과 배달 음식 횟수를 줄이고 일상생활에서 조금씩 절제하여 미래의 나를 위해 기업의 지분을 사모아 주어야 합니다.

소확행, 욜로, 일과 삶의 균형은 적절히
급여 10~30% 이상을 투자하여 편안한 미래를 준비

흙수저 평생 모을 수 있는 돈

지금 작성하게 되는 내용은 한 번쯤 생각해보신 분이 계신지는 모르겠으나 바보는 처음 직장을 다니기 시작할 때 이 문제에 대해 곰곰이 생각해보았었고 미래가 답이 없다는 결론을 내리고 흥청망청 쓰면서 일→집→게임+놀기→일 반복의 연속이었습니다.

그 반복은 2018년 12월(33살 끝자락) 투자를 시작하기 전까지 계속되었고 자본주의를 깨닫고 미래가 긍정적으로 보이게 되면서 그 악순환의 고리를 끊어내고 올바른 길로 나아가게 되었고, 바보를 투자 세계로 눈뜨게 해준 투자 스승인 오○○ 친구는 저에게 은인입니다.

결론부터 말씀드리면 평범한 철수 영희는 투자 없이는 답이 없습니다. 극단적으로 말하면 하루살이 인생이 될 수밖에 없을 것입니다. 이 책에서 바보가 자주 언급할 예정인 평범한 철수 영희는 지극히 보편적인 평범한 대다수 사람이라고 보시면 되겠습니다.

근로 연수 x 급여입니다.

30년~40년 x 12 (1년) = 360~480개월

360~480개월 x 급여 = 평생 벌 수 있는 돈

평범한 직장인이 노동으로 평생 벌 수 있는 금액은 딱 정해져 있는데요. 더할 수도 없고 뺄 수도 없습니다. 보통 20세~30세부터 일 한다고 가정하면 30~40년간 일하면 정년 60세가 됩니다.

월 실수령 300만 원이라 가정하고요. 300 일부로 높게 잡았습니다. (물론 더 적겠죠. 시간이 지남에 따라 더 증가할 수도 있겠습니다만 300이라 고정해 놓고 계산)

300만 원을 30년 받으면 10억 8천만 원
300만 원을 40년 받으면 14억 4천만 원

위에 적힌 금액이 전부입니다. 저축과 적금만을 하신다고 가정하면요. 후에 늘어나는 급여에 퇴직까지 남은 급여 수를 곱하게 되면 자연스레 평생에 직장에서 벌 수 있는 근로소득이 딱 객관적으로 나옵니다.

30~40년간 보험비, 핸드폰값, 교통비, 식비, 문화생활비, 품위유지비, TV 구독료, 꾸밈비, 취미활동 비, 월세, 의료비 등 꾸준히 소비하며 드는 고정비를 제외한다고 하면 퇴직 즈음에 손에 쥐고 있는 돈은 얼마 되지 않게 되겠죠.

60세에 퇴직한다 가정할 때 100세 시대에서 30~40년간 나 혼자, 혹은 부부는 2명의 생활비가 삶이 끝나는 날까지 필요할 것입니다. 앞에 언급해 드린 대로 물가는 계속 오르고, 화폐의 가치는 계속 떨어지고. 여러모로 꽉 막혀 답이 없습니다.

국밥이 8,000원~10,000원 하지요. 8,000원으로 고정하고 하루에 국밥 세끼를(숨만 쉬고 산다. 가정) 30년간 먹을 시 개인당 밥값만 2억 6천 이상입니다. (부부 5억)이 사실은 대충 넘길 사안이 아닙니다.

자~ 계속 말씀드린 대로 이어지는데 투자 없이는 답이 없습니다. 하루살이 인생이 될 수밖에 없는 우리의 현실이죠. 퇴직까지 근로소득만 가지고는 자산이 불어날 수도 없고 퇴직 후에는 노후에 쓸 돈이 없습니다.

첫 직장부터 천천히 준비하여 퇴직 시점에 이르러서는 경제적자유를 동시에 자연스레 이루어야 하는데 그러지 못하고 결국 다람쥐 쳇바퀴 돌 듯이 한평생 일에 손을 놓지 못 하게 되는 사람들이 대부분입니다.

근로소득으로는
금전적인 여유와 노후 준비는 절대 불가능

깨닫고 근로소득을 기업의 지분을 사 모으며 자본소득으로 바꾸는 작업을 실천하지 못한다면. 개인에게 미래는 없습니다. 이미 시작된 4차산업과 함께 노동의 가치와 필요성이 줄어드는 시대에 접어들면서 투자는 선택이 아닌 생존에 필수가 되었습니다.

대한민국 현실을 마무리하며

　자본주의에서 부자가 되는…. 여유롭게 사는 방법은 자본가가 되는 길이 유일합니다. 앞서 글 올린 것에 노동으로 벌 수 있는 금액은 정해져 있다고 말씀드렸습니다. 평범한 직장인이라면요. 더러 사업이나 장사를 통하여 부를 축적할 수도 있습니다. 맞습니다. 부의 테크트리입니다.

　평범한 철수, 영희는 깜냥(?), 상황, 능력,마인드, 자질, 환경, 여건 등이 되지 않아서 사업이 쉽지 않습니다. 게다가 지금은 무한 경쟁력 사회이고 창업을 통한 성공은 쉽지 않은 게 현실입니다. 제 주변 출퇴근 시 보이는 위치의 상가 업종이 몇 개월~1년 단위로 바뀌는 것을 자주 보았습니다.

　자본 적게 들여 스마트상점 같은 것들로 시작하는 것은 상관없습니다만 보편적으로 인테리어비 몇천만 원, 임대료, 직원급여…. 등 큰돈이 들어갑니다. 빚내서 보통 사업 많이 하죠.

　위험 지고 빚내서 사업하지 말고 본업에 충실하면서 급여의 일정부분을 기업의 지분을 사는 데 매달 쓰시면 그것이 저와 같은 평범한 철수·영희에게는 가장 현명한 선택입니다. 나 대신 그 기업의 직원들과 사장 및 회장이 알아서 마케팅, 생산, 연구, 판매, 인사관리 등 모든 것을 해줍니다.

　신경 쓸 일도 적고 분기별로 회사 실적 봐주고 주기적으로 뉴스 및 사업보고서 검토해서 잘 돌아가는지 확인만 해주고 적절하게 대응만 해주면 만사 오케이입니다.

기업 투자해서 망하면 어쩌냐? 하는 분이 계시는데 좋은 기업 공부해서 적절하게 포트폴리오 짜서 현명하게 투자하는데 망하는 게 확률적으로 더 아이러니한 일입니다.

우리나라의 산업 미래 성장을 믿으신다면 국내기업을…. 우리나라 못 믿으시면 외국에 기업을 사 모으시면 되는데 국내, 국외 다 못 믿으시고 인류의 지속적인 무한한 발전을 믿지 못하신다면…. 저는 더 드릴 말씀이 없고 이 책의 글들을 포함하여 투자 관련 책들은 보실 필요가 없을 듯합니다.

배당 우상향의 기업 적립식·거치식을 포함하는 올바른 正道로의 투자는 여정이 고되고 힘들 것입니다. 올바른 투자라는 그 자체가 평범한 사람에게는 절대 쉽지 않은 길일 것으로 압니다. 늘 인간의 본성과 본능에 대립하여 맞서 싸워야 하기 때문입니다.

그런데도 해야 하는 이유는 실패 없이 느리지만 차근차근 그러다가 복리로 갑작스레 우상향하며 승승장구할 수 있는 길이기 때문입니다.

노후준비를 위한 계획

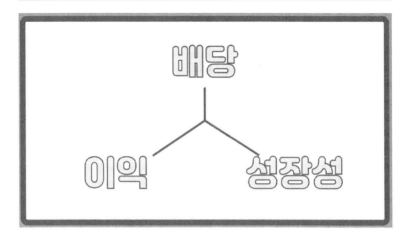

매달 매달
여유금으로 사모으기

2.기업투자

생산의 3요소   주가 상승과 하락 시의 반응

자본주의   배척해야 할 것들

기업투자   지향해야 할 것들

투자로 실패, 돈을 못 버는 이유   장기보유와 비자발적 보유

불로소득이 아니다.   돌고 도는 시장의 관심

배당과 시세차익   집중과 분산

조물주, 건물주, 배당주   기업투자 시 대충 살펴봐야 할 것

투자의 5단계   변동성과 위험성

정량적, 정성적 분석   주가 하락은 기회다

사업보다 기업투자   포트폴리오

직장인에서 자본가 되기   탑다운, 바텀업

경제적 자유를 얻어야 하는 이유   파이프라인 우화

주가 오르는 4가지 이유   월급을 무시하면 안 된다.

돈, 일하게 하라 돈이 돈을 번다.

생산의 3요소

토지, 노동, 자본

토지는 농경지나 주거지 등 사람의 생활과 활동에 이용하는 땅, 노동은 사람이 필요한 걸 얻기 위해 들이는 육체적, 정신적 노력, 자본은 물건 만들 시 필요한 재료, 기계 등이나 그것을 마련하는데 드는 돈이라고 사전적 정의가 되어있습니다.

쉽게 설명 드리면(바보라 많이 알지 못합니다) 몇 년 전에 재밌게 보았던 "육룡이 나르샤"의 고려 시대를 빗대어 보면 그 옛날 고려 말에 백성들(노동자)이 권문세족들(토지를 가진 지주)의 세금 수탈에 등골이 휘어 살기가 고단한 시대였었는데요.

이처럼 옛날 농업시대에는 토지와 노동이 생산의 주가 되었는데 산업혁명이 시작된 후에는 농업보다 제조업이 중요해짐에 따라 토지보다는 자본(기업지분)이 훨씬 중요해졌습니다.

부동산의 임대업을 하시는 분은 생산수단인 "토지"를 사용하시는 것이고 기업을 운영하는 대한민국의 총수들은 "자본"을 이용한다고 보시면 되겠습니다. 반면에 평범한 직장인은 "노동"입니다. 직장인들은 현재로 와서는 기업의 소유주 밑에서 현대판 소작농이라고 보면 됩니다. 안타깝지만 현실이 그렇습니다.

자본주의

E 봉급생활자(모든 직장인)

S 자영업자&전문직(의사, 변호사, 회계사)

B 사업가

I 투자가(자본가)

　자본주의는 4가지의 유형에 속하여 돈을 벌게 됩니다. 봉급
생활자는 남에게 고용되어 일해주고 노동의 대가를 받는 사람
입니다. 자영업자·전문직은 자신이 스스로 고용주가 되어 돈을
버는 것인데 스스로 그곳에 얽매여서 노동력을 투입합니다.

　사업가는 타인을 고용하여 일을 맡기고 노동의 대가를 지급
(내가 없어도 기업은 돌아감), 투자자·자본가는 돈으로 돈을 법니
다. (주식, 부동산 등을 통하여 시세차익&배당&월세 수익 등)

　E(월급쟁이), S(자영업자, 전문직)는 개인의 시간을 투입하여
돈을 버는 사람이고 일을 하지 않으면 현금흐름이 생기지 않습
니다. 평생 일해야 수입이 매달 생기지요. B(사업가), I(투자가,
자본가)는 타인의 고용을 통하거나, 돈이 돈을 벌게 하는 시스

템을 구축한 사람들입니다.

우리는 우측의 B나 I로 가도록 노력해야 합니다. 여유로운 삶과 평안한 노후를 원한다면요. 하지만 국민 대부분은 직장인으로 평생을 살거나 치킨집, 술집 등을 창업하여 자영업자로 사장님이 되기도 합니다.

KBS스페셜, 다큐멘터리 세상 등의 시사교양의 다큐멘터리와 뉴스를 본 바로는 자영업으로 살아남기는 쉽지 않더군요. 인건비 때문에 아르바이트 안 쓰고 사장님 본인이 일을 더 열심히 하는 경우나, 월매출 엄청 5,000~6,000만 원인데 실제로 부식비, 인건비, 전기세, 세금 등등 다 내고 나니 사장이 가지고 가는 돈은 150만 원 정도이던가 이런 다큐멘터리 및 뉴스가 많습니다.

대박집인데 매출 대비 순수익률이 심하게 비대칭적인 구조였고 그만큼 이 사회에서 자영업 및 개인사업으로 쉽지 않다는 것이겠지요. 모든 업종이 포화상태이고 자영업으로 성공하기도 쉽지 않습니다.

지극히 평범한 철수·영희는 도전도 두렵고, 능력도 안 되고 상황도, 환경도 안 되니 가장 안전하게 확실하게 부의 길로 올라가는 편도 표를 사서 가야 합니다. 그 길이 직장인에서 직장인 투자자, 직장인 투자자에서 직장인 자본가로 단계적으로 밟아 올라가야 합니다. 자본주의를 제대로 깨닫고 현대판 농노에서 지주로 서서히 올라가지 못한다면 한번 사는 인생 평생 돈을 고민하며 노후를 걱정해야 할 것입니다.

기업투자

investment, 이익을 얻기 위하여

어떤 일이나, 사업에 자본을 대거나 시간이나 정성을 쏟음

　사전적인 의미 그대로 기업투자는 투자자가 이익을 위해 지분을 사고 시간과 정성을 쏟는 것인데 실제로 이렇게 하는 분은 아주 극소수입니다. 대부분 몇 분 안에, 며칠 안에, 몇 주 안에 로또처럼 단기적으로 대박을 노리고 기업투자에 참여합니다.

　노동자는 본인의 시간을 갈아 넣으면서 얻는 수입이 파이프라인 1개입니다. 오로지 근로소득이죠. 결국 생산수단의 소유 여부로 구분할 수 있습니다. 평범한 직장인은 노동자를 벗어나 직장인 투자자에서 자본가로 서서히 포지션의 변경을 위해 장기간의 계획을 세우고 실천 해야 합니다.

　서민 갑부의 시작은 근검절약을 통한 종잣돈의 형성과 더불어서 이차적으로 자영업 테크트리를 타는 겁니다. 일반인이 부를 이루는 가장 빠른 길은 장사를 포함한 개인사업입니다. 위

에서 언급 드린 대로 쉬운 게 아닙니다. 아무나 못 가는 길이 죠.

자영업 또는 기업 운영은 바보 농부는 죽었다 깨어나도 절대 못 합니다. 능력과 열정, 끈기가 있어야 하며 타고나야 합니다. 우유부단해서도 안 되고 통솔력과 지도력, 상황대처 능력, 자신 감, 사교성, 붙임성 등 필요한 능력이 수십 개입니다.

평범한 우리는 서민 갑부와 같이 될 수가 없고, 동업하자고 해도 받아주지 않을 겁니다. 서민 갑부가 사업 테크트리를 타듯이 직장인들은 근로소득으로 기업의 지분을 사 모으는 테크트리를 타야 할 것입니다.

기업투자로 그 회사의 쪼개진 지분을 사 모으며 지분의 개수에 따라서 배당으로 기업의 성과와 이익을 공유하여 같이 부를 이룰 수 있는 평범한 직장인과 서민들에게 아주 유용한 자본주의 시스템을 잘 활용해야 합니다.

기업투자는 그 회사와 동업하는 것입니다. 국내든, 해외든 어디든 내가 하고 싶은 사업 혹은 동업하고 싶은 매력적인 기업들의 지분을 사 모으며 지켜보고 관찰하며 기업의 주주로서 주인의식을 가지고 투자하여야 할 것입니다.

기업 투자가 평범한 사람에게는 답입니다. 바보 농부처럼 지극히 평범한 사람은 가장 안전하면서도 가장 빠른 길입니다. 올바른 정도의 길로 꾸준한 실천을 하며 조금만 신경 써서 공부하고 노력하면 엄청난 성과를 얻을 수가 있고 인생이 바뀔 수가 있습니다.

컴퓨터 한 대, 컴퓨터가 비싸다면 휴대전화 한 대만 있으면 언제 어디서든 국내, 국외의 좋은 기업의 지분을 사 모을 수 있는 세상이 되어버렸습니다. 즉 누구나 부의 길이 열려있다고 보시면 되겠습니다. 그 옛날 고려, 조선 시대에는 생산수단을 가지기가 너무나 어려웠는데 지금의 세상은 누구라도 가질 수 있는 시대가 되었습니다.

　　그러므로 경제적 자유는 누구나 이룰 수 있고, 각자 처한 상황과 현실, 능력, 경험, 성격, 공부 정도에 의하여 도달하는 시간이 다를 뿐이지 올바르게 正道를 가신다면 한 명의 낙오자도 없이 산 정상에 다다를 것으로 바보는 확신합니다.

　　샀다 팔기를 단기적으로, 반복적으로, 지속해서 하는 방식은 올바른 투자방식이 아닙니다. 그런 방식은 소수의 1% 내외의 특별한 능력을 갖춘 사람들만이 승승장구하는 방법입니다. 평범한 사람의 기업투자는 단순하게 기계적으로 올바르게 正道로 꾸준한 실천을 하여야 합니다.

　　생산수단을 소유해야 합니다.
　　기업의 발전과 성과를 공유해야 합니다.
　　온전히 기업과 시간에 집중하여야 합니다.
　　직장인에서 자본가로의 여정을 시작해야 합니다.
　　-바보 농부-

투자로 실패, 돈을 못버는 이유

인내심이 없다.
인문학을 모른다.
욕심이 가득하다.
마음수련이 부족하다
자연의 순리를 모른다.
시장의 원리를 모른다.
시세의 원리를 모른다.
기업을 공부하지 않는다
무한정 오를 것으로 안다.
한국인의 빨리빨리 마인드
고위험 저수익만 쫓아간다.
단기적으로 승부를 보려 한다.
주가의 등락에 일희일비한다.
특별한 비법이 있는 줄 안다.
본능과 이성 통제 불가능하다
뇌동매매, 귀동냥, 카더라 통신
매수 후 무조건 오르길 바란다.
정보와 소음을 구별하지 못한다.
올바른 투자 방법을 알지 못한다.
차트매매, 유튜브 매매, 전문가매매
오직 나무만 본다, 숲을 보지 못한다.
콩 심어 놓고 팥을 수확하길 바란다.
타이밍을 맞출 수 있을 것으로 생각한다.
수익은 적게 먹고 손실은 크게 토해낸다.
실수와 실패 그 이후에 고쳐지는 게 없다
급등,테마, 고점 기업의 유혹에 쉽게 이끌린다.
투자의 철학, 원칙, 가치관, 기준의 확립 부족
올바른 투자 방법을 알아도 실천을 하지 못한다.
자본주의&투자의 본질을 온전히 이해하지 못한다.
남들 YES 할 때 YES하고, 남들 NO할 때 NO한다
나는 남들과 다르게 승승장구할 것이라 생각한다.
옛날 현인, 현재 현인들의 말은 듣고 한 귀로 흘린다.

자기 확신이 없다.
리딩방에 기웃거린다.
매사에 늘 부정적이다.
주가 안 오르면 욕하고 비난, 성질낸다.
주가 하락하는 것 자체를 참지 못한다.
주가 오르면 다 필요 없고 그냥 올라탄다.
주가 오르면 기업이 무조건 좋은 줄 안다.
주가 내려가면 기업이 무조건 망하는 줄 안다.
시세차익만 생각하고, 그 길만이 투자인 줄 안다.
한 두 번의 운으로 얻은 것을 실력으로 착각한다.
한 번의 도박성 투자로 모든 것을 이뤄내려고 한다.
기업가치와 상관없이 주가 하락하는 것을 참지 못한다.

　사람들이 관심 있는 것은 옛날부터 지금까지…. 앞으로 미래에도 영원히 인류가 멸망하는 그 순간까지 마찬가지로 급등, 테마, 단타, 상승하고 있는 고점 기업들입니다. 어쩔 수가 없습니다. 그것이 인간의 본능과 본성, 욕망과 욕심이라 단기적으로 당장 내일, 며칠, 몇 주, 한 두 달 내에 승부를 보려고 하는…. 그래서 거의 모든 사람이 투자로 부를 이루지 못하는 것입니다.

성공적인 투자는
모든 것이 마음에서부터 옵니다.
투자를 대하는 긍정적인 마음과 올바른 태도
올바른 길을 걸어온 투자 멘토와 함께할 때입니다.

불로소득이 아니다.

간혹 뉴스나 사람들이 얘기하는 것을 들어보면 불로소득이라고 얘기하는 경우를 많이 들었는데 그것이야말로 금융문맹입니다. 내 자본을 가지고 위험을 선택하고 감수하며 돈이 일하게 하는 것입니다. 내 돈이 회사에 생산성 있는 곳에 들어가 열심히 일한 것으로 봐야 합니다.

노동력으로 얻지 않는 소득을 불로소득이라고 말하면서 노동(근로소득)이 최고라고 신성하다고 여깁니다. 제가 지금까지 봐온 TV 프로그램에서 많이 목격했는데요. 그렇게 신성하게 여기는 노동력은 한계가 있습니다.

노동력은 신성시하고 자본소득은 무시, 멸시, 천대하는데 다르게 생각하면 노동력은 내 몸을 써서 내 시간을 써서 하는 것입니다. 힘들게 귀하게 번 근로소득인 만큼 엄청 소중한 것이지요. 즉 내 몸과 그 돈은 귀합니다. 세상에 오직 하나인 나의 건강한 신체와 정신으로 벌어들인 귀한 돈…

세상에서 가장 소중하고 하나뿐인 나 대신 이익을 창출해 낼 다른 파이프라인이 필요합니다. 내가 일하지 않아도 꼬박꼬박 들어오는 시스템, 자본소득 말입니다…. 나의 몸과 영혼은 귀하고, 귀한 내가 노동으로 벌어들인 그 돈도 귀하며 그 귀한 돈으로 나의 미래를 위해 좋은 기업의 지분을 사 모으는데 선순환으로 일하게 시켜야 할 것입니다.

배당과 시세차익

배당   시세차익

기업투자를 하면서 투자자가 이익을 얻을 수 있는 길은 크게 2가지입니다. 배당과 시세차익입니다. 기업의 주식 수 x 가격이 기업의 시가총액인데요.

주식 수 100개
주가 10,000원
기업 시총은 100만 원

"시세차익"은 매수한 이후 가격이 상승한 시점에 매도함으로써 얻게 되는 이익을 말합니다. "배당"은 주식을 가지고 있는 사람들에게 그 소유 지분에 따라 기업이 이윤을 분배하는 것입니다. 즉 회사가 1년 동안 사업을 해서 낸 이익을 회사의 주인인 주주들에게 나눠줍니다.

회사가 성장하고 발전함에 따라서 후행으로 주가는 반드시 (99.9%) 따라 올라가게 되는데 투자자는 그 차익만큼 시세차익을 낼 수가 있습니다. 배당은 투자자가 소유하고 있는 기업 지분의 개수에 따라 매년 기업이 가계부 내에서 적정 배당 성향으로 보편적으로 현금배당을 해주는 것입니다.

보통의 사람들은 시세차익으로 수익 내는 것만이 기업투자 방법이라 생각하고 있는 듯하고 배당의 방식은 무시하고 천대하는 게 현실입니다. 투자의 근본은 배당이라고 보시면 되겠고 시세차익과 배당시스템 구축 두 마리의 토끼를 잡는 계획을 세워서 자본주의를 현명하게 이용하면 가장 이상적이라 할 수 있겠습니다.

수요와 공급으로 주가는 결정이 됩니다. 사는 사람이 많으면 주가는 오릅니다. 반대로 파는 사람이 많으면 주가는 하락합니다. 단기적으로는 기업의 가치에 수렴하지 않을 수 있습니다. 하지만 장기적으로는 기업의 가치에 반드시 수렴합니다. 돈 못 벌고 이상한 기업만 아니면요.

기업이 못 굴러가도 사는 사람이 많으면 주가는 오르고, 기업이 잘 굴러가도 파는 사람이 많으면 주가는 하락합니다. 하지만 사람들은 이 진실에는 관심이 없고. 오직 현재 주가가 오르고 있느냐??, 내가 산 기업이 주가가 오르고 있느냐?? 오르기만을 원하고 바랍니다.

지극히 평범한 투자자는 배당소득의 크기(시스템 소득)를 매분기, 매년 키워나가는 작업을 직장에서 근로소득을 벌면서 해야 합니다. 단순히 배당을 준다고 해서 기업을 선택해서는 안 되며 적절하게 기업의 과거, 현재, 미래의 공부가 선행되어야 합니다.

그리고 시세차익보다는 배당에 중점을 두고서 접근 해야 하며 배당을 매년 우상향해 주는 좋은 중소형, 대형기업, 고배당 ETF 등을 차곡차곡 모아나가며 안전하게 복리로써 우상향 해야 합니다. 얼핏 느려 보이나 가장 빠른 길이며, 지루하지만 점진적으로 우상향 및 부피가 커짐에 재미와 흥미가 있고 단순하며 쉽고 복리를 최대로 누리는 방법입니다.

배당을 1순위로, 시세차익은 덤으로써 생각하여 투자해야 하며 혹은 그 반대라고 하여도 포트폴리오를 계획적으로 잘 짜서 해야 할 것입니다.

좋은 배당 우상향의 중소형, 대형기업들을 꾸준히 모아가는 작업을 평생에 걸쳐서 해야 합니다. 올바르게 제대로 투자하시면서 경험과 기업 공부, 세상 공부가 쌓이면 배당과 시세차익의 두 마리의 토끼를 동시에 푸짐하게 얻게 되실 겁니다.

배당투자의 궁극적 목표는 최대한 주식 수를 늘리고 그것에서 나오는 배당금을 통해 경제적 자유를 얻는 것이므로 오히려 주가 하락이 최적의 배당주 매수 기회가 된다. 그래서 다른 투자자들과 달리 주가 하락이 오히려 즐겁다. 시세차익만 노리는 투자는 주가가 무조건 올라야 하지만 긴 기간을 통해 싼 가격에 배당주를 모으는 전략은 이와 반대
-박춘호-

조물주, 건물주, 배당주

예전에는 조물주 위에 건물주라고 각종 예능, 그리고 젊은 층의 관심이 증가하여서 많이 이들의 입에 오르내리곤 했습니다. 적게는 수억~ 많게는 수십억, 수백억의 건물을 본인 소유로 해놓고 꼬박꼬박 월세 등 임대수익을 평생토록 받는 그런 평안한 삶을 동경하는 사람들이 많이 늘어났습니다.

하지만 제가 속해있는 단체대화방에서는 건물주<배당주로 인식하고 있고 단체방의 가훈 및 회사 사훈처럼 그렇게 불리고 있습니다. 즉 조물주 위에 건물주, 건물주 위에 배당주입니다. 그 방은 배당을 기반으로 한 국내의 좋은 중소형, 대형기업을 평생토록 사 모으며 복리로 우상향하는 방입니다.

2018년 12월에 투자를 시작하고 2019년 초쯤에 우연히 그 단체방에 들어가게 되면서 일자무식인 제가 올바른 가치관을 확립하는 데 큰 도움을 받게 되었습니다.

너무 건물주가 되려고 애쓰지 않으셔도 됩니다. 건물주 자체가 부동산투자를 하는 것인데 개인의 취향과 기호에 따라서 금, 은, 부동산, 채권, 주식 등등 아무것이나 하시면 됩니다. 우리의 목표는 시스템,인컴, 자본소득의 연봉 수준 혹은 그 이상 구축입니다.

다만 제가 드리고 싶은 말은 다방면으로 열린 시각을 가지고 보시면 될 것 같고 이글에서는 건물주와 배당주를 지극히 개인적인 관점에서 비교합니다.

건물주	배당주
세금이 많다.	세금이 그나마 적다.
건물매입, 매도 절차 복잡	휴대폰, 당일 기업지분 취득
임차인 못 구하면 월세 없음	매 분기, 매년 꼬박꼬박 배당
건물관리, 임차인 관리 힘듦	특별히 관리할 게 없음
건물은 노후화됨	평생 노후화 걱정 없음
확장성이 없음	지속적인 확장성
종잣돈 있어야 투자 가능	1만 원만 있어도 투자 가능

저희 집 앞에 건물이 3년 전쯤에 하나 지어졌는데 1층에는 커피점, 2층에는 신협, 3층에는 임대로 내놓았더군요. 3년이 지난 지금 3층은 건물 완공 당시부터 지금까지 계속 임대 현수막이 걸려있습니다. 임차인을 못 구한 것이지요.

건물주도 쉬운 게 아닙니다. 임차인의 관리와 공실 문제, 건물 개보수관리, 세금 문제해결 등 신경 쓸게 한두 개가 아니고 심리적으로도 많이 힘들 듯합니다.

반면에 기업의 주주는 그런 것들이 많이 줄어듭니다. 기업의 주주가 신경 쓸 것은 기업이 잘 돌아가는지 매 분기, 매년 확인과 추적관찰이 다입니다. 가정과 본업에만 충실하면 됩니다.

건물주든, 배당주 주주든 각각 장단점이 있으므로 각자 현명하게 선택해서 하면 될 문제입니다. 건물주, 배당주 둘 다 하는 게 균형 잡힌 포트폴리오 측면에서 더 좋을 수 있고요. 다만 이 책의 중점은 지극히 평범한 사람들의 동네 부자로의 길입니다. 그래서 배당주투자를 권하고 추천해 드립니다.

아무것도 가진 것 없는 무일푼의 사람들이라도 기업의 주주가 되는 그 순간부터 미래에 대한 꿈과 희망이 가득하여 늘 행복하고 즐겁게 삶을 살 수가 있다고 봅니다. 매월, 매 분기, 매년 늘어가는 배당소득을 통하여 나 혼자가 아닌 생산수단의 소유자로서 열심히 나 대신 일해주는 기업들의 임직원들이 삶의 동반자로서 동행 해줄 테니까요.

흙수저든 나무 수저든, 수저가 없어 맨손이든 아무 상관이 없습니다. 내가 무슨 직업을 가지고 일하느냐는 중요하지 않습니다. 내가 연봉이 얼마인지는 중요하지 않습니다. 물론 많이 벌면 벌수록 적립투자금이 커지니, 더욱 이른 시간으로 앞당길 수는 있겠으나 조급해할 필요가 없습니다.

근검절약 후 꾸준하게 기업의 지분을 사 모은다는 그 자체를 실천하실 수만 있다면 다 같이 산 정상에서 만나게 될 것입니다. 바보가 언급하는 산 정상이란 경제적 자유를 일컫습니다. 우리나라, 해외의 좋은 기업의 주주가 되어서 기업과의 동행을 시작하셔야 합니다.~!

투자의 5단계

(박영옥님 모델)

①정보매매

유튜브, 친구, 동료, 블로그, 뉴스, 리딩. 등 카더라통신 즉 남의 얘기를 듣고 사는 것인데 대부분 기업투자에 입문하는 게 여기에 해당하고 헤어나오질 못하며 입문과 동시에 계속 이 단계에 계속 머무는 경우가 많은데 방법이 바뀌지 않는다면 나락, GO TO THE HELL로 가는 지름길입니다. 여기를 벗어나지 못하면 시간 낭비와 스트레스만 쌓이게 됩니다.

②차트매매

주가, 거래량의 과거 지표 등을 보고 차트분석, 기술적지표

분석 등을 하는 것입니다. 1단계인 정보매매에서 추가로 한 단계 더 잘못된 길로 진화하는 사례인데요. 오로지 1단계(정보매매)나 2단계 한 가지만을 고집하거나 1단계와 2단계만을 섞어서 기업투자에 접근한다면 상위 1%의 신들린 매매자 빼고는 대부분이 백전백패로 나락, GO TO THE HELL이 될 것으로 보입니다.

일부의 유튜브, 리딩방, 매매 방 등에서는 약간의 정량적 분석에 차트의 흐름을 덧붙여 단기적으로 절대 맞힐 수 없는 미래의 주가 흐름을 언급하고 다루며 매수금액, 손절매 금액 등을 얘기하면서 사람들을 현혹하는 경우가 많습니다.

정보매매와 마찬가지로 ①+②으로만 나아가면 시간 낭비와 극심한 스트레스만 남게 됩니다.

③정량적 분석(가치투자 기반)

ROE, PER, PBR, EPS, BPS…. 매출, 이익, 배당, 성장성, 현재가치, 자산가치, 성장 가치…. 등등 객관적인 자료를 토대로 재무제표와 여러 지표 등을 을 따져서 투자하는 정량적 분석 방법입니다. 말 그대로 보편적인 가치투자나 기업의 돌아가는 사정을 숫자로써 보고서 판단하고 접근하는 방법입니다.

그나마 제대로 투자해 보려는 사람이 선택하는 길이며, 이 길을 걸어가는 사람은 그리 많지는 않습니다. 정량적 분석에다가 ①, ②를 1+1 개념처럼 곁들여서 참조한다면 많은 도움이 되고 시너지가 일어날 수 있습니다.

또한 정량적 분석과 함께 덧붙여지는 게 많아질수록 투자자로서의 경험치가 쌓이게 되며 강력한 무기를 가질 수 있게 됩니다. 여기에 정성적 분석이 추가된다면 더욱더 좋습니다.

④트렌드 분석

미래의 방향을 내다보고 섹터별, 기업별로 하는 투자입니다. 탑다운 이든, 바텀업이든 상관이 없다고 생각하고 바둑과 장기를 둘 때처럼 한 수, 두수를 미리 내다보고 하는 통찰력의 투자라고 말씀드리고 싶습니다.

통찰력의 투자라고 해서 어려운 것은 없습니다. 초등학생부터 성인에 이르기까지 누구나 쉽게 생각하고 상상하고 기본상식과 기본지식으로 충분히 유추하고 접근할 수가 있습니다.

대다수분들은 ④를 미래 먹거리 산업들을 급등, 테마로 잘못 엮이며 진입을 시작합니다. 잘못 받아들인④와 ①,②가 합쳐지면 그 역시 GO TO THE HELL입니다.

⑤사업가 마인드

박영옥과 존 리가 강조하는 기업과의 동행, 내가 경영, 내가 기업의 주인이라는 생각입니다. 투자자로서는 최상위의 단계이고 바보 농부가 늘 배우고 따라가려는 단계입니다.

이 단계에 있는 사람과 이 단계에 이르려고 노력하는 사람을 합쳤을 때 개인적으로 생각할 때는 국내 투자자 중에 10% 미만일듯합니다. 쉽고 단순하나 아무나 이룰 수 없는 경지의 단계입니다. 우리나라 대부분 투자자가 본인은 투자자라 생각하나 실제로는 매매자의 행동과 방식을 자기도 모르게 행하고 있기 때문입니다.

정량적 분석 + 정성적 분석
③을 기본으로 +①②
③을 기본으로 +④⑤
③을 기본으로 +①②④⑤
③을 기본으로 +④⑤①②

①, ②를 기본으로 하는 순간…. GOOD BYE입니다.
③, ⑤를 기본으로 ①②③④⑤를 적재적소에 덧붙여야 함
정성적 분석이 추가로 덧붙여지면 더욱 좋음

저는 입문을 ③으로 했습니다. 2018년 11월 신과 함께 팟캐스트에서 정채진님 편을 3~4부짜리를 주말에 정주행한 후 그때부터 블로그, 유튜브 등을 탐방하며 존 리 님 박영옥 님, 봉이님을 알게 되었고 기본 바탕에다가 제가 필요한 부분을 차곡차곡 살을 덧붙여가며 투자의 원칙과 가치관, 철학을 정립하고 있습니다.

③④②⑤순으로 단계적으로 서서히 물 흐르듯이 넘어간 듯싶고 공부를 하면 할수록, 이것저것 보면 볼수록, 한명 두명 멘토가 생기면 생길수록 투자가 답이 정해져 있고 단순하고 명료하

며 간단하다는 것을 깨닫게 됩니다.

복잡하게 멋있게 뇌섹남처럼 숫자 딱딱 계산하고, 용어 막 쓰고, 지식적으로 많이 숙지하고 있어야 투자를 잘하고, 반대로 대충대충 단순하게 한다고 해서 투자를 못 하는 것이 아닙니다.

투자의 경력 유무 또한 투자의 실력과 비례하지는 않습니다. 어른이라고 무조건 그 나이에 맞는 인성과 자격을 갖추지는 않은 것처럼 말이죠. 얼마나 제대로 올바르게 꾸준하게 실천하느냐, 세상의 변화와 흐름을 이해하고, 마음의 그릇이 크고 인내심이 있느냐입니다.

위에 내용 다 필요 없고, 올바른 마음으로 꾸준하게 사 모으면 끝입니다.

투자(운동)의 방법에 있어서
정답은 없지만, 잘못된 방법은 존재합니다
(김종국 님이 운동과 관련하여 언급한 명언을 투자로 대입)
-김종국-

정량적, 정성적분석

정량적—양을 헤아려 정하는, 숫자
정성적—인과관계, 직관적, 주관적, 추론적, 논리

  정량적 분석은 말 그대로 숫자입니다. 매출, 이익을 포함해서 PER, PBR, EPS, ROE, 주가, 차트 등 도표화, 수치화할 수 있는, 한눈에 볼 수 있는 객관적인 자료와 지표들입니다.

  정성적 분석은 숫자는 없습니다. 기업이 앞으로 미래에도 잘 벌 것인가? 지금 주춤한 상태라면 훗날 개선이 가능할 것인가? 이 사업이 될 것인가? 경쟁력이 있는가? 앞으로 어느 산업이 유망한가? 여러 기업의 기사와 소식들을 보고서 이것이 소음인가? 등을 이성과 상식을 바탕으로 주관적, 직관적, 추론적, 논리적 사고를 하는 것입니다.

  정성적 분석은 수치를 내놓지 못하니까 지양해야 한다, 정량적 분석이 더 중요하다고 생각하시는 분이 많은 게 현실인데 실제로는 그렇지 않습니다. 두 개는 상호보완적이며 골고루 참고 해야 합니다.

  하지만 개인적으로 정성적 분석이 더 중요하다고 생각합니다. 투자하면서 정량적에 10% 정성적으로 90%에 비중을 두고 힘을 쏟아왔습니다. 숫자는 내가 못 해도 다른 선의를 가진 좋은 분들이 대신 분석해주고 나열해주며 게시해줍니다. 유튜브,

블로거, 카페 글, 뉴스, 분석전문가&전문가들의 보고서와 리포트, 네이버에서 확인 가능한 지표들. 등등 여러 곳에서 객관적인 지표를 누구나가 확인할 수 있고 참고할 수 있습니다.

하지만 객관적인 정보의 통합 후 스스로 합리적인 판단으로 투자의 의사결정은 오직!! 본인만이 할 수 있습니다. 아무도 대신해 줄 수 없고 불가능합니다.

숫자는 눈에 보이고 수학처럼 답이 딱 정해져 있지만, 정성적인 분석의 부분은 눈에 보이지 않고 다양한 답이 나옵니다. 같은 기업을 여러 명이 바라볼 때 각기 다른 결과와 해석을 내놓는 것과 같은 이치입니다.

이 책의 모든 내용은 바보의 개인적인 생각을 의식의 흐름대로 끄적인다는 것을 다시 한번 말씀을 드리면서, 모든 글은 바보의 관점입니다. 바보 기준으로 정량적 분석(숫자)은 몇 분 ~ 10분 이내이면 파악이 끝납니다. 정성적 분석은 하루~일주일 정도가 걸립니다.

매출, 이익, 배당, EPS, PER, PBR…. 등등을 포함하여 저평가, 안전마진…. 등등 조사할 게 몇 개 없습니다. 자세한 내용은 뒤에서 다루도록 하겠습니다만, 바보가 내린 결론은 숫자를 기본으로 합리적인 결정과 판단을 해야 한다는 것입니다.

그러기 위해서는 정성적 분석 능력이 뛰어나야 하는데 이 능력은 어디에서 오느냐 하면 독서와 뉴스들, 철학, 인문학 관련으로 많은 것을 읽고 생각하는 시간을 가져왔느냐로 뇌를 자극하며 꿈틀거리게 하여 남들과 다르게 합리적인 판단을 내릴 수가 있게 됩니다.

개인의 타고난 성품 또한 중요합니다. 하지만 결국에는 각자의 성격과 마음, 개인 능력에 따라서 정량이든 정성이든 더 끌리는 곳이 있을 테고 더 잘하는 쪽이 있을 테고 더 편안한 쪽이 있을 것이니 본인의 선택으로 하시면 될듯합니다.

투자는 하나부터 열까지 객관식의 답처럼 획일화된 것이 없고 주관식의 답처럼 다 변화적인 모습을 보이기 때문입니다. 그렇기에 각자에게 맞는 방식으로 하되 다만 잘못된 방법은 있으니 그것들을 피하여 본인의 방식으로 올바르게 정진해 나가면 됩니다.

> 대학교에서 과학, 수학, 회계학 같은 일반 경영학 과목은 필수과목을 제외하고 피해 다녔다. 대신 인문학 과목을 주로 수강했다. 역사, 심리학 정치학을 배웠고 형이상학, 인식론, 논리학, 종교학, 고대 그리스 철학을 공부했다.
> 지금 돌이켜 보니 통계학보다는 역사와 철학 공부가 나의 주식투자에 훨씬 도움이 되었다.
> -피터 린치-

사업보다는 기업투자

사무실이 필요가 없다.

위험도가 사업보다 적다.

소액으로 시작할 수 있다.

위대한 기업과 동업을 할 수 있다.

직장에 너무 얽매일 필요가 없다.

내가 신경을 써야 할 게 적거나 없다.

휴대전화나 컴퓨터만 있으면 된다.

투자하는 순간 나는 사업가가 된다.

사장, 회장을 부러워할 필요가 없다.

여러 개의 사업을 동시에 할 수 있다.

하고 싶은 사업을 골라서 할 수 있다.

나의 사업적 자질과 능력이 필요가 없다.

국내든, 해외든 어디에든 사업이 가능하다.

높은 직급의 상사를 부러워할 필요가 없다.

투자 후 일상생활을 평안하게 즐길 수 있다.

경제적 자유는 훗날 자연스럽게 이룰 수 있다.

취미와 여가활동으로 풍성한 삶을 살 수 있다.

당장 오늘이고 내일이고 사업의 시작이 가능하다.

언제든지 동업을 중단하고 사업을 중단할 수가 있다.

동네 부자는 세월이라는 복리만 좀 이용하면 가능하다.

앞으로 위대하게 될 게 작지만 강한 기업과 동업을 할 수 있다.

正道를 따른다면 노후 준비&경제적 자유 성공률은 99.9%다

매월, 매 분기, 매년 꼬박꼬박 알아서 배당으로 보수를 받는다

단돈 5,000원만 있어도 바로 기업 투자가 가능합니다. 휴대 전화의 MTS로 전국 어디서나 해외 어디서나 장소와 시간에 구애받지 않고 내가 원하는 기업과 동행을 할 수가 있고 매 분기, 매년 사업보고서 확인과 주기적으로 뉴스 검색 등으로 기업의 소식과 방향성 등을 조사하면 됩니다.

올바른 正道로 좋은 기업들과 함께 기업 동행을 시작하시면 솔직히 신경 쓸 게 전혀 없습니다. 아예 기업이 잘 돌아가는지 체크 할 필요도 없는 기업이 있어요. 체크 안 하는 건 직무유기라 생각하고 어찌 되었든 그만큼 좋은… 제대로 된 기업은 가끔 확인만 하면 된다는 겁니다.

그 확인 작업이 주가가 올랐나 내렸나를 확인하라는 게 아니고 매출, 이익, 배당, EPS, 사업적인 내용. 등등 기업이 잘 굴러가고 있는지 그것을 확인하라는 뜻입니다. 어떤 시각으로 바라보고 어떻게 접근하고 실천하느냐에 따라 차곡차곡 단계적으로 얼마든지 안전하게 여유롭게 자산 우상향이 가능한 것이 기업투자입니다.

기업투자를 正道로 꾸준한 실천을 하신다면 노후 준비와 경제적 자유의 달성 실패율은 0.01%, 성공률은 99.9%입니다. 솔직히 100%라고 말씀드리고 싶으나 만일이라는 게 있으니 방어막을 쳤습니다만 제 마음속으로는 100%입니다.

바로 자본소득, 시스템, 인컴 소득의 구축입니다. 기업투자를 통해 년 받는 배당을 연봉 수준~그 이상을 만들어 놓게 되면 그걸로 모두가 염원하는 경제적 자유가 되는 것입니다. 경제적 자유로 도달하는 가장 빠른 길이 평범한 사람에게는 사업입니다. 하지만 아무나 사업에 뛰어들어 성공할 수 없다. 말씀드려 왔습니다.

기업투자는 평범한 사람이 산 정상까지 가장 빨리 가는 길이며, 하나의 도구와 수단입니다. 어떻게 이용하느냐에 따라서 안전할 수도 있고 위험할 수도 있죠. 이 책의 모든 글은 안전하게 올바른 길로 나아갈 수 있도록 투자의 철학과 가치관을 정립시키고 마음을 훈련하는 데 조금이나마 도움이 되고자 작성되고 있습니다.

서민 갑부처럼 사업으로 모든 사람이 승승장구하기가 쉽지 않기 때문에 반드시 대체재면서 확실한 기업투자를 본업과 함께 간접적으로 사업에 뛰어들어 자본주의의 이점을 최대한 활용하여 산 정상으로의 직행코스를 밟아야 합니다.

누구나 사업으로 성공할 수는 없지만, 누구나 기업투자로 노후 준비와 경제적 자유가 쉽게 가능하기에 모든 사람이 알았으면 합니다. 몰라서 못 하는 경우가 있고, 알아도 실천을 못 하는 경우가 있는데요. 적어도 몰라서 못 하는 경우는 생기지 않게 하는 게 저의 바람입니다.

올바르게 제대로 투자한다면 평범한 철수, 영희는
사업보다 기업 투자가 훨씬 쉽고, 간단하며 확실하다.

직장인에서 자본가 되기

고려·조선 시대에 토지 지주와 소작농의 얘기를 앞에서 언급했었습니다. 그림과 같이 순차적으로 자본가까지 천천히 올바르게 올라가면 될 것 같습니다.

2020년 코로나 이전에는 투자인구가 400~500만 정도였는데, 2022년 3월 뉴스에서 2021년 12월 기준 현재는 1,384만 명이나 된다고 합니다. 국민 5명 중 1명이 기업투자를 시작했네요. 삼성전자의 개인주주는 561만 명까지 늘어났다고 하니 흐뭇하고 좋은 일입니다.

하지만 여전히 하지 않는 분이 계시고 하더라도 올바르게 하는 분이 많지 않은 게 현 상황이니 갈 길이 멀다는 생각이 듭니다. 투자를 시작하고 나서 주변 동료와 친구들에게 이 좋은 걸 해야 한다. 반드시…. 여러 번 언급했지만 돌아오는 피드백은 좋지 않았기에 이제는 그분들께는 애기하지는 않습니다.

자꾸 애기하니 사기꾼 같고, 혹시나 제 얘기 듣고 시작해서 단기간에 손실 나면 제가 욕먹으니 언급을 중단했고요. 현재는 기업투자를 하겠다는 친구 3명과 함께 4명이 동네 부자의 길로의 여정을 함께 하고 있습니다.

형님이 한 명 있는데 제가 투자에 입문 후 바로 한 달 뒤 설날에 만나서 바로 설득했습니다. 도박 아니고 담배 피는 거 조금 줄이고, 술 마시는 거 줄이고, 문화생활비, 꾸밈비 등을 조금씩 줄여서 그 돈으로 매달 얼마씩 정해서 평생 사모아라고 간곡히 청했고 그 말을 받아들여서 형님은 매달 꾸준히 투자하고 있습니다.

가족인 형은 반드시 설득 해야 했고 잘 따라와 주고 있습니다. 친구 3명과는 유기적으로 소통하며 같이 영차영차 하며 같이 찬란하고 행복한 미래를 그리며 자본가의 길로 가기 위해 뚜벅뚜벅 걸어가는 중입니다.

모든 직장인은 시간을 담보로 재화를 창출하고, 파이프라인이 근로소득 1개입니다. 직장인 투자자가 되는 순간 파이프라인은 2개 이상이 되고 나는 회사에서 열심히 일하고, 내가 투자한 기업의 임직원 또한 그들의 회사와 본인, 그리고 주주인 나를 위해서 일해줍니다.

나이가 들수록 몸은 쇠락해져 가고 근로소득이 감소하기 때문에 내가 일하지 않아도 자연스럽게 자본소득, 시스템 소득, 인컴 소득을 구축해야 합니다. 그 과정을 평범한 철수·영희는 첫 직장부터 퇴직까지 시간을 두고 천천히 만들어가면 되는 것입니다.

직장인 투자자로서 길을 걷다가 보면 어느 순간 자본가의 길로 자연스럽게 들어서게 됩니다. 매월 기업투자에 적립하는 금액이 쌓여서 굴리는 돈이 점점 커지고, 그와 더해서 받는 배당

소득의 크기가 적립금액+복리를 만나 점진적으로 불어나거든요

자본가는 돈이 돈을 버는 단계입니다. 노동력이 투입되지 않고 자본이 일하여 더 높고 큰 가치를 창출해내는 단계이지요. 즉 먹고사는 경제적인 목적으로의 신체활동은 할 필요가 없는 단계인데요. 그렇다고 이 단계에 계신 분들이 각종 활동과 근로 등을 하지 않는 것은 아닙니다.

경제적 자유를 이미 이루신 분들 또한 자아실현을 위한 신체활동 및 근로활동을 하고 삶을 활기차고 역동적, 진취적으로 삶을 영위하고 계십니다. 오히려 무기력하게 대충대충 살았었던 저를 포함한 보편적인 사람들보다 열심히 부지런히 치열하게 사는 경우가 많은 것으로 알고 있기에 항상 열심히 최선을 다하여 삶을 살아야 하겠습니다.

누구나 차근차근 자본가가 될 수가 있습니다. 부모님들은 너무 자녀에게 성적만을 강요하며 사교육비에 집중해서는 안 되며 직장인들은 미래에 대한 부정적인 생각을 가지며 흥청망청 인생을 낭비해서는 안 됩니다.

사교육비는 적절하게 아이가 원하면 해주거나 원하지 않으면 사교육비로 쓸 돈을 차라리 기업의 지분을 사주면서 10~20년 복리로 굴리면 아이의 인생의 출발선은 평범한 부모와 달라집니다.

즉 보통 평범한 집안에서 학원 2~3개를 보내는 것 같던데 그거 보낼 거를 1개 보내고 나머지 돈을 기업지분 사모아 가줘

야 합니다. 아예 학원을 안 보내도 됩니다. 학원이 중요한 게 아니고 아이의 행복과 미래가 중요하기 때문에 아이가 원하지 않으면 의견을 존중하고 부모의 욕심은 버려야 합니다.

어느 고등학생이 자기가 사교육비를 끊고, 그 돈으로 투자를 했더니 자기 재산이 1억 몇천만 원 됐다는 친구들도 있습니다. 한 6년 했고 한 달에 60만 원씩 투자했대요. 60만 원씩 1년이면 720만 원이잖아요. 그럼 5년이면 투입자금이 3,600만 원 되죠. -존 리-

순수 적립금 1년 720만 원, 2년 1,440만 원, 3년 2,160만 원, 4년 2,880만 원, 5년 3,600만 원. 적립식으로 모아오다가 5년 지난 시점에 자산은 1억 몇천만 원으로 불어났습니다. 물론 위의 사례가 일반적이지는 않습니다. 하지만 올바르게 제대로 하면 누구나 좋은 방향으로 단계적으로 자산의 우상향이 가능합니다.

아이, 청년은 복리로 누릴 수 있는 시간이 상대적으로 많아서 누구나 차근차근 쌓아나가면 자연스레 자본가의 길로 들어서는 것은 물론이고 삶을 풍요롭게 행복하게 살 수 있을 것입니다.

자본가가 되는 가장 간단한 방법은
근검절약 후, 매달 꾸준히 기업지분을 사 모으기
-바보농부-

경제적 자유를 얻어야 하는 이유

> **시간적 자유**

> **공간적 자유**

> **만남의 자유**

돈에만 평생 얽매이면 너무나 불행하다.

자아실현과 진취적, 역동적인 삶을 위하여

시간은 금이다. 그 무엇으로도 살 수가 없다.

가난이 내 자식에게 대물림되는 경우가 많다.

직장에서 수동적인 YES 맨 이 되고 싶지 않다.

평생 남한테 싫은 소리 억지로 듣고 싶지 않다.

세상은 넓고 경험과 도전, 탐방, 할 것들이 넘쳐난다.

여유로움과 풍요로움, 안정감을 만끽하는 삶을 위하여

마음 졸이는 것이 아닌, 마음 편한 직장생활을 위하여

행복의 전제조건은 아니지만 많은 것을 포기 해야 한다.

퇴직 후 60~100세 노후를 생각하면 반드시 이뤄야 한다.

삶에 있어서 돈이 없다는 이유로 불편하면 너무 안타까움

훗날 내가 하고 싶은 것들을 하며 살기에도 인생은 짧다.

죽는 그 순간까지 경제적인 이유로 노동을 억지로 해야 함

MZ세대며 청장년층, 고령층에 이르기까지 평범한 사람이라면 누구나 꿈꾸는 "경제적 자유" 이번 팬데믹이 그 소망의 불씨를 더 키우고 간절함이 커지게 했습니다. 불규칙성과 불평등성, 양극화 등이 불안감이 조성하고 희망과 꿈이 짓밟히고 있습니다.

소득 양극화와 부익부 빈익빈은 옛날 시대부터 지금까지 이어져 왔고 앞으로도 인간사회에서는 영원히 사라지지 않는 난제이기 때문에 그것들을 부정하고 욕하고 손가락질하는 것은 문제해결에 도움이 되지 않습니다.

현명한 자는 세상과 사회의 현 상황과 흐름을 파악하고 어떻게 하든지 그 부의 선상에 같이 올라탈 수 있는가를 고민하고 결정하고 실천에 옮겨야 합니다. 기업의 부의 추월차선에 같이 올라타는 것이 바로 주식투자라고 불리는 기업투자입니다. 이를 잘 활용하여 안전하게 앞으로 확실하게 나아가야 합니다.

잠자는 동안에도
돈이 들어오는 방법을 찾아내지 못한다면
당신은 죽을 때까지 일해야만 할 것이다.
-워런 버핏-

주가 오르는 4가지 이유

기업의 성장	성장과 발전
인수합병	가치의 상승
자사주 매입	
시장의 재평가	

(책 "작지만 강한 기업에 투자하라")

　바보가 투자를 시작하고 거의 초창기에 읽은 책입니다. "작지만 강한 기업에 투자하라"라는 랄프웬저가 지은 책인데 무수히 많은 책이 있겠지만 꼭 읽어야 하는 책 중 하나입니다.

　바보는 직접 사서 읽은 책이 총 10개 정도인데 그 중 한 권이 이 책입니다. 부의 추월차선에 가장 빠르게 올라타기 위한 지름길 중 하나가 작지만 강한 기업입니다.

　주가가 오르는 많은 이유가 있지만, 책에서는 4가지를 이야기하고 있습니다. 여기에 이유를 더 덧붙이자면 인간의 심리와 본성, 본능 그리고 시장의 역사와 시세의 원리와 세상의 순리에 의해 작용하는 자연스러운 흐름이라고 말씀드리고 싶습니다.

①기업의 성장

기업이 성장하게 되면 순이익과 배당금, 자산가치가 증가하면서 주가도 함께 올라가고. 비록 기업의 성장세가 불규칙하게 이루어진다 해도 결국은 주가에 반영됩니다. 기업이 잘 굴러가도 시장의 관심을 못 받는다면 주가는 지지부진할 수 있습니다만 결국은 제자리 찾아갑니다.

②인수합병

어느 기업이 더 큰 다른 기업에 인수되거나 합병될 때는 통상 시장에서의 현재 주가보다 훨씬 더 높은 가격이 매겨집니다. 무조건 주가가 점프 업 되는 것은 아니나 기업의 가치가 올라가는 것은 상식, 논리적으로 맞습니다.

③자사주 매입

주가가 그 기업의 내재가치보다 밑에 저평가로 머물 때 해당 기업은 상당한 물량의 자사 주식을 매입합니다. 마찬가지로 자사주 매입을 한다고 무조건 주가가 당장에 오르는 것은 아니지만 시장은, 투자자들은 이를 호재로 인식합니다. 주식의 가치가 올라가기 때문이고 주가가 오르지 않더라도 주주 친화적인 기업으로 좋게 바라보면 될듯합니다.

④시장의 재평가

기업이 계속 성장하고 전망도 밝으면 어느 시점에서는 기관

투자가들의 주목을 받게 되고 주가수익비율(PER)도 높아지게 됩니다. 아무도 관심이 없다가 관심을 받게 되면 비상식적으로 주가는 상승 선을 타게 됩니다.

모든 상황에서 그 당시, 그 시점에 바로 주가가 오르는 것은 아니나 주주 친화적이면서 잘 굴러가는 저평가의 좋은 기업에 인내의 투자를 하게 되면 높은 확률(바보는 99.9%라 보고 있음)로 주가는 제자리 찾아가거나 급등으로 하늘 높이 올라갑니다.

　

저평가 기업
매출·이익·배당 우상향의 소외당하는 기업
거품 빠지고 주가 바닥 횡보하는데 잘 굴러가는 기업
거품 빠지고 주가 바닥 횡보하는데 앞으로 잘 굴러갈 기업

　

결국 제자리 찾아갑니다. 언제?? 그것은 아무도 모릅니다. 하지만 반드시 높은 확률(바보가 보기엔 99.9%)로 제자리 찾아가고 주가는 상승합니다. 결국은 올바르게 원칙과 철학을 가지고 正道를 꾸준히 실천 하는 사람이 차곡차곡 승승장구합니다.

　

시장의 순리이고 역사입니다.
시세의 원리입니다. 세상의 흐름입니다.

주가 상승과 하락 시의 반응

①주가 상승 시 반응

계속 오를 것으로 착각한다.

기업이 무조건 잘 굴러가는 줄 안다.

더 금액을 무리해서 추가로 넣는다.

마음이 즐겁다.

주가 확인을 수시로 한다.

앞으로도 오를 것만 선택할 수 있을 줄 안다.

수익은 적게 취한다.

②주가 하락 시 반응

계속 빠질 것으로 착각한다.

기업이 망하는 줄 안다.

손절매할까 생각한다.

원금손실을 생각한다.

마음이 괴롭다.

주가 확인을 수시로 한다.

다음번 기업투자로 다 만회하려 한다.

손실은 크게 낸다.

배척해야 할 것들

항상 안 좋은 것들은 멀리하세요.

①과소비

　대부분 사람들은 과소비를 하는데 이 문제가 너무 큽니다. 저도 예전에는 마찬가지로 먼저 다 쓰고 다음 달부터 모으자…. 작심삼일 다짐을 계속 반복하는 경우가 많습니다. 그리고 문화생활비, 꾸밈비, 식비 등에서 너무 많이 소비하는 경향이 있습니다.

　몇몇 지인분들과 소비에 관한 것들에 대한 주제로 대화했을 때 남과 비교하며 그에 따라가려 하는 생활방식으로 사는 실사례를 많이 접한 기억이 납니다. 본인의 형편에 맞게 소비해야 하고 평범한 직장인이 한 달에 받는 월급은 다 비슷비슷 해서 과소비 습관을 줄여야 첫 단추를 잘 잠글 수가 있습니다.

②욕심, 조급함, 자만

마음가짐에 대한 문제인데 투자는 경력과 실력이 비례하지 않습니다. 10년, 20년, 30년 투자한 사람이 투자 초보보다 잘하지 못하는 경우도 많이 있습니다.

기간이 오래되어도 방법과 공부 방향이 잘못되면 복리를 쌓지 못하고 빙빙 제자리걸음을 걷게 됩니다. 욕심과 심리적인 조급함, 자만 등이 모든 불행의 시작점입니다. 심리를 다스리지 못한다면 투자로는 이룰 수 있는 것이 없습니다.

③귀동냥

친구, 지인에게 듣고, 뉴스, 유튜브에서 잠깐 보고 혹해서 투자하는 분이 많은데. 기업에 관한 공부와 조사는 안 하거나, 등한시하고 이리저리 떠돌아 흘러 다니는 정보에만 비중을 두고 영양가 없는 투자를 합니다. 이러한 방법은 장기적으로 전혀 도움이 되지 않습니다.

귀동냥에 머물러 계시는 분은 그래서 뭐 사야 해요? 어떤 섹터가 유망하죠? 이 기업 괜찮나요? 지금 사도 될까요? 등을 끊임없이 나 자신이 아닌 남에게 확인 받으려 하고 본인의 확신과 소신이 부족합니다.

내가 열심히 노력해서 확인하고 판단하고 기업의 지분을 취득하여 동행하기로 했으면 남의 의견을 참고만 해야 합니다. 나는 이 기업을 이렇게 생각하는데 어떻게 보는지 다양한 관점에서의 상황을 파악하는 것은 문제가 되지 않으나 내가 기업투자를 하면서 투자의 여부를 정하기 위하여 남에게 확인받는 것은 바람직하지 않습니다.

④단타

하루에도 몇 번씩, 분 단위, 초 단위로 사고팔며 반복하는 것인데요. 이 방법으로는 소수의 1%만이 승승장구할 수 있고 일반인들은 한두 번은 수익 나고 괜찮을지는 모르나 장기적으로는 안 되는 방법입니다. 늘 마음이 불안하고 하루에도 몇 번씩 기분이 좋았다가 나빴다가를 반복하며 본업과 일상생활에 집중하지 못하고, 알게 모르게 스트레스가 쌓입니다.

⑤차트

텔레비전이나 유튜브 등에서 전문가나 유명인이 차트를 기본으로 펼쳐놓고 일봉, 주봉, 연봉, 분봉까지 언급하며 수급 어쩌고저쩌고 얘기하며 진입할 시기다, 아니다. 매수가격은 얼마이고 손절매하는 가격은 얼마이고 매도하는 가격은 얼마다 등을 알려줍니다. 전형적인 방송들인데요.

대한민국의 투자방송들이 일부를 제외하고는 대부분 이런 식이기 때문에 귀동냥, 단타, 차트 관련 쪽으로 투자에 입문할 수밖에 없는 구조라고 생각합니다.

⑥급등, 고점

저평가 및 횡보하는 상대적으로 저점의 기업에는 관심이 없습니다…. 지루하거든요. 급등으로 솟구치며 단기적으로 올라가는 것들만 낚아채려는 마음을 먹고 투자하는 경우가 많습니다.

고점에 들어가니 기존 보유자의 매도에 따른 단기적인 주가의 시세 조정에 흔들리고 비자발적인 장기투자에 들어가거나 손절매를 해버리기를 반복합니다.

단기적으로 하락은 상관이 없고 일정부분의 하락을 예상한 채로 애초에 목표와 계획한 대로 실행의 일환으로써 장기로 바라보거나, 매달 추가로 사 모아가며 더 미래를 보고 진입하면 상관이 없으나 여러 상황에 대해서 어떻게 행동할지의 가상의 시나리오를 짜놓고 내가 깔아 놓은 판에 투자하는 것이 아니라 단기적으로 시세를 움직이는 그들의 손바닥 안에서 좌지우지 당하는 경우가 대부분입니다.

⑦테마

테마 또한 빨리 지금 당장 화젯거리이고 쫄깃한 곳이 어디인가?? 어디에 팍 집어넣어야 단기간에 팍팍 돈 넣고 돈을 복사하지? 같은 마음으로 접근하는 경우가 많습니다. 보통 방송이나 매체에서는 그때 당시, 최근에 이슈와 화젯거리인 주제를 가지고 얘기합니다.

현 사회의 흐름과 미래의 모습들을 토의하며 방송은 우리가 몰랐던 부분의 정보를 올바르게 제공하는 곳도 많은데 그것을 받아들이는 사람들의 자세가 문제가 있어서 왜곡된 결과를 초래하게 만드는 경우가 많습니다.

현재 화젯거리인 주제를 쫓아갈 게 아니라 현재는 저평가되어 있고 관심이 없는 것들을 공부하여 앞으로 테마로 엮여서 급등할 것들을 미리 선점하여 이득을 취하는 방향으로 전략을 취해야 할 것입니다.

⑧신용

신용(빚)을 이용하여 기업투자를 하는 게 잘못된 것이 아니라, 본인의 형편을 벗어나서 무리하게 과한 금액을 빚내서 하는 게 잘못된 것입니다. 특히나 주식 담보대출 같은 경우는 하지 않는 게 좋고 웬만하면 신용 자체를 안 쓰는 게 제일이고 만약 부득이하게 사용한다면 적절하게 쓰는 게 차선책일 것입니다.

⑨공모주

신규상장을 앞둔 공모주 청약을 많이들 하십니다. 개인적으로는 하지 않는 게 좋을듯합니다. 보통 공모를 할 때는 기존 기업의 가치보다 많이 부풀려서 상장되는데 대부분 거품이 잔뜩 들어있습니다.

게다가 상장 전에 이미 보유하고 있던 분들의 매도가 쏟아지고 덧붙여서 상장 후 공모주 신규로 받은 분과 장이 열리자마자 사신 분들이 신규상장일에 주가가 상승하게 되면 매도로 이어집니다.

그래서 상장 직후에는 조정을 받습니다. 단기적으로는 잠시 상승할 수도 있지만 대부분 다시 하락합니다. 95% 이상이 그럴 것입니다. 내가 진짜 이 기업 너~무 갖고 싶다. 너무 좋다. 반드시 지분 사고 싶다 그게 아니면 공모주는 안 사는 게 좋습니다. 훗날에 조정받고 주가가 제자리에 찾아가거나 흘러내려 저평가가 되면 그때 포트폴리오에 차근차근 담으십시오.

하락장에서 당신이 불안한 이유는
쓰레기 같은 회사에 공부도 안 하고
당신이 평생 모은 돈을 몰방해놨기 때문입니다.
-피터 린치-

지향해야 할 것들

좋은 것들은 하나하나 흡수 해야 하며 모든 덕목이 중요합니다. 자세한 세부 내용은 뒤에서 다루도록 하고 간단하게 대충 짚고 넘어가겠습니다.

①근검절약

제일 중요한 것은 기초인데요. 모든 것은 기초가 잘 되어있어야 다음 단계를 도전하고 무난하게 올라갈 수가 있기 때문입니다. 근검절약으로 차곡차곡 한 푼, 두 푼 모으는 노력은 무림 고수가 되기 위해 무공수련의 단계로 가기 전 기초체력을 기르는 것과 같고, 전쟁터에 나가기 전에 필수 물품들을 점검하는 것과 같습니다.

철학과 원칙, 마인드, 투자전략, 기법 등 다른 모든 요소가 전쟁터에서 본인만의 무기를 만드는 과정이라면 근검절약으로 모으는 종잣돈은 탄약을 만들고 확보하는 과정입니다. 아무리 무기가 성능이 좋고 월등하더라도 그것을 사용하는 데 필요한 탄약이 없다면 그 무기는 무용지물이 될 것입니다.

이처럼 탄약과 무기의 조화가 이루어져야지 외부로부터 생명과 재산을 지킬 수 있는 방어체계를 갖추게 되고 언제 어디서든 생길 수 있는 위협에 대응하여 맞설 수 있고 무찌를 수 있습니다.

②기업, 가치

매일매일의 시장과 거시경제 등에 너무 신경을 쓰지 말고(바보 농부는 아예 신경을 안 씀) 장기적인 기업과 가치투자관점에서만 중점을 두고 들여다 봐야 합니다. 물론 세상의 흐름에 따라 기업의 위치가 결정되기도 하고, 기업의 미래도 쉽게 예측이 되지 않겠지만 안전마진을 깔고 뻔한 기업에 뻔한 상황을 내다보면 위험도는 줄어들고 확률은 상승하게 되어있습니다.

③공부

경제 뉴스, 독서, 기업, 마음수련, 인생, 세상, 인문학, 철학 등 여러 방면으로 대충 공부를 해야 합니다. 꾸준하게 하셔야 하고 계속 여러 정보를 머리에 집어넣으면 꾸준히 대충 공부해 놓은 게 쌓이고 쌓여 어느 순간 투자를 하는 데 있어서 그것들이 융합되어서 적재적소에서 감성이 아닌 이성과 논리적 사고를 하는 데 도움이 될 것입니다.

④철학, 원칙

지금 이 세상에는 국내, 국외에 과거부터 현재에 이르기까지 수많은 투자 현인들이 있습니다. 쉽고 간단하지만 올바른 방향으로 본보기가 되는 분들이 많이 계시죠. 투자에는 정답이 없고 여러 방법이 있지만 올바르지 못한 방법이 존재합니다.

바른길로 인도하는 여러 사람의 좋은 점만을 쏙쏙 뽑아내어 자기만의 철학과 원칙으로 서서히 시간이 지남에 따라 체득 화시키고 정립시켜야 할 것입니다. 철학과 원칙이 정립되어야 망망대해에서 나침반과 같은 역할을 하게 될 것입니다.

⑤적립

청년들은 첫 직장부터 퇴직까지, 아이들은 태어나자마자부터 부모가, 꾸준하게 기업의 지분을 적립해준다면 금전적인 부분에서는 긍정적이고 희망찬 인생을 설계하는 데 큰 도움이 될 것입니다. 적립, 거치식+적립 등 적립과 동반하여 효율적으로 복리를 극대화할 수 있는 토대를 마련할 수 있으며 적립과 시간이 만나면 놀랄만한 성과를 이루어 낼 수 있습니다.

특히나 큰 종잣돈이 없는 사람일수록 거치식 전략은 쉽지 않으며 적립이라는 작은 모종삽에 담긴 흙이 모이고 모여서 밭의 작물과 식물들을 잘 키우기 위한 기반을 다지는 데 힘써야 합니다.

⑥실천

실천은 어렵지 않으나 꾸준한 실천이 어렵습니다. 기업투자

뿐만 아니라 이 세상의 모든 상황에 적용이 가능할 것입니다. 각자 인생을 살아가면서 각기 다른 곳에 선택과 집중으로 꾸준하게 행하다 보면 그것들이 모여서 한 사람의 이력과 인생의 발자취가 됩니다.

특히나 기업투자에서 올바른 길로 꾸준한 실천은 머리로는 쉬운데 몸과 마음으로 실행하기는 어렵습니다. 왜냐하면 기업투자에서는 본능과 본성의 영향이 더욱더 크게 작용하기 때문이지요. 몰라서 못 하는 경우와 알아도 못하는 경우 2가지가 있습니다. 몰라서 못 하는 경우는 없게 하려고 제가 글을 끄적이고 있습니다….

⑦시간, 복리

다른 것들도 마찬가지지만 시간과 복리 또한 교과서적인 말 중 하나인데 머리로는 이해하고 넘어가는데 아무도 관심이 없습니다. 바로 지금을 원하기 때문입니다.

복리를 제대로 취하려면 최소 몇 년입니다. 보편적으로 5년 이상~30년…. 최소 3년 이상~5년 이상은 돼야 복리가 슬쩍 코빼기를 비추는데 다들 며칠, 몇 달 내로 승부를 보려는데 어찌 그것을 내 손안에 쥐고 획득할 수 있겠습니까.

가랑비에 옷 젖듯이 자기도 모르게 다가오는 게 복리입니다. 마음수련과 인내의 덕목을 갖추고 고진감래하여야지만 달콤한 열매를 냠냠하고 먹을 수가 있습니다.

⑧안전마진

백전백승 승리 코드 중 하나입니다. 투자를 전쟁에 비유하면 절대~Never, absolutely 질 수 없는 전투와 전쟁을 승리로 이끄는 덕목이옵니다. 이와 함께 대부분은 관심을 두지 않고 소수만이 배우고 추구하는 덕목이기도 합니다.

안전마진의 뒤 꽁무니만 따라가도 자연스레 천석꾼, 만석꾼의 길이 열릴 것이라 바보는 확신하고, 시장의 역사와 현인들의 말씀과 경험이 이를 증명합니다. 안전마진과 함께 여러 좋은 덕목들이 추가로 합쳐지면 엄청난 효과를 기대할 수 있습니다.

⑨인내, 마인드

매우 중요합니다. 기업투자에 있어서 이것 하나만 제대로 갖추어도 생각하고 바라는 모든 것을 이루는 데 부족함이 없을 것으로 생각되지만 아무나 갖추지 못합니다. 타고나는 것도 있지만, 좋은 글과 가르침을 내 것으로 받아 들여야 하며 긍정적인 생각과 상상, 존중과 배려의 마음 등 모든 복합적인 요소들이 더해져야만 인내와 마인드를 갖추는 데 도움이 됩니다.

가치투자 및 올바른 투자를 하는 데 아주 중요하며 국내, 국외의 투자 현인들은 모두 기본적인 소양으로 갖추고 있습니다. 평범한 사람들과 그들의 큰 차이점은 인정하지 않는 분도 계실지는 모르겠지만 투자를 대하는 자세와 마음입니다.

⑩논리적, 이성적 사고

인내와 마인드는 기업투자를 실행하는 데 큰 틀에서 볼 때 지그시 장기적으로 올바른 길로 이끌어 나가는 원동력이라고 한다면, 논리적·이성적인 사고는 투자의 여부와 선택에 있어서 잡초는 뽑고 꽃을 선별하는 작업에 중요한 역할을 합니다.

객관적인 정보의 통합 후 합리적인 의사결정을 위한 필수 불가결의 요소입니다. 이 사고능력을 쓰지 않으면 귀동냥, 카더라 통신을 비롯해서 뇌동매매, 소음과 정보구별, 남들 따라 YES할 때 YES하고 NO할 때 같이 NO하고 휘둘리며 투자의 세계에 머무르게 됩니다.

나의 결정과 선택에 대한 확신과 소신, 거기에 이르는 과정까지 모두가 논리적·이성적 사고를 바탕으로 하는 것인데 그 원천은 인문학과 철학적인 좋은 글귀와 가르침을 듣고 보고 느끼며 쌓아나가면서 얻을 수 있습니다.

실천, 인내, 마인드, 논리적·이성적 사고는 타고나야 하는 경우가 있습니다만. 후천적인 노력을 통하여 일정 수준까지 도달할 수 있습니다. 이 모든 것을 포괄하는 것은 결국 마음 그릇의 크기를 누가 얼마나 키울 수 있는가에 따라 훗날 자산의 상승과 크기가 비례해서 우상향한다고 생각합니다.

장기보유와 비자발적 장기보유

보통의 기업투자자들은 장기보유에 대해 정확한 개념을 잘 알지 못합니다. 올바른 장기보유와 잘못된 장기보유 두 개를 구분하지 못하며 묶어서 그냥 오래 들고 있는 게 장기보유&장기투자라고 알고 있는 경우가 많은 편입니다.

우리는 비자발적 장기보유가 아닌, 자발적인 장기보유에 계획을 세우고 진입해서 기업투자를 해야 합니다. 수많은 백전백승 전략 중 하나이고. 부자 아빠의 가난한 철학, 부자철학과도 연관이 됩니다.

①비자발적 장기보유

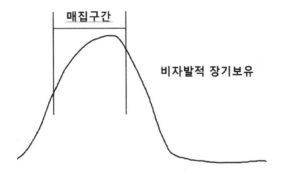

개인 블로그나 어디에서나 바보가 급등, 테마주를 하지 말라는 이유 중 하나가 이것입니다. 고점에 물려서 멘탈이 털리고 비자발적 장기보유로 이어지거나 그렇지 않으면 손절매로 이어지기 때문입니다. 애초에 계획을 짜고 올바르게 기업투자를 접근한 게 아니기에 주가가 주르륵 흘러내릴 시에는 멘탈이 견뎌내질 못합니다.

계획하고 제대로 투자하면 주가의 하락과 관계없이 기업투자에는 몰리는 개념이 없다는 것이 개인적인 생각입니다. 주가 하락하든 오르든 궁극적으로는 어느 포지션에서도 자산의 우상향 전법을 취해야 할 것입니다.

매번 비자발적 장기보유의 늪에 빠지게 되면 기업투자에 싫증이 나고 비관적이며 반복되는 횟수가 증가할수록 다람쥐 쳇바퀴 돌 듯이 기업투자라는 분야에 있어서는 늘 제자리걸음을 하게 됩니다.

②장기보유 1

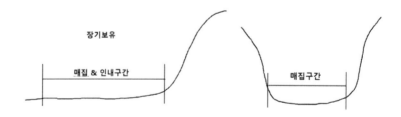

특정 구간 내에서 꾸준하게 기업의 지분을 모으며 주가의 상승으로 이어지는 시세의 분출을 차분히 기다리는 방법입니다. 가치투자의 여러 갈림길 중 하나이고 아주 간단하지만 실천하는 분이 드뭅니다. 그 기간이 한 달, 6개월, 1년, 2년, 3년, 그 이상이 될 수도 있으며 시세차익 + 배당 우상향 전법에 사용

할 수 있습니다.

③장기보유 2

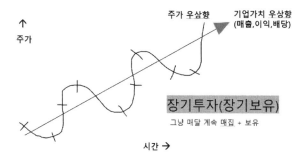

기업의 지분을 긴 기간을 두고 주가가 오르든, 내리든 개의 치 않고 매달 꾸준히 사 모으며 장기동행 하는 방법인데 이 역시 장기투자이자 장기보유입니다. 마찬가지로 너무나 쉽고 간단한 방법인데 실천하는 분이 드물고 시세차익 + 배당 우상향 전법 중 하나로 사용이 가능합니다.

.

.

기업 공부를 적절하게 하시고 적절한 시점에 현명하게 계획 짜고 매수 후 장기 보유하여 복리의 과실을 수확하셔야 합니다. 인내하는 자만이 실패 없이 확실하게 크게 먹습니다.

-바보 농부-

돌고 도는 시장의 관심

우리나라 기업투자의 시장은 급등과 테마, 단타로 얼룩져있습니다. 간단하게 얘기하면 도박판과 다를 바 없는 시장인데 증권사도 사고팔고, 국민연금도 사고팔고, 개인도 사고팔고 모두 사고파는 각축장이 되어버렸습니다.

그로 인하여 새롭게 유입되는 신규투자자들 역시 의도치 않게 도박판에 물드는 경우가 많습니다. 주변에 보이는 것이 그런 상황이기 때문에 자연스러운 흐름과 원시 본능이 더해져 증권시장은 계속해서 그렇게 흘러왔고 앞으로도 똑같이 마찬가지로 흘러갈 것입니다.

이를 바탕으로 시장의 모든 섹터와 직종에서 광범위하게 무작위로 다양한 곳에서 매월, 매 분기, 매년 돌고 돌면서 테마로 엮여 급등, 급락을 반복하게 됩니다. 현명한 투자자는 이 사실 하나만을 가지고 백전백승의 전략으로써 무궁무진한 기회를 얻을 수 있습니다.

재무 이상하고 돈 못 버는, 개잡주(?)도 그냥 엮이면 하늘 높이 치솟습니다. 물론 이런 기업을 선택해서는 안 되겠고 돈 잘 벌고 미래 유망한 잘 굴러가는 저평가의 기업, 혹은 앞으로 그렇게 될 저평가의 기업의 지분을 사놓고 기다리면 99.9%의 확률로 치솟습니다. 저평가의 좋은 기업은 어떻게든 제자리 찾아가거나 더 위로 솟구칩니다. 항상. 그것을 대부분 사람은 인지하지 못할 뿐입니다.

그리고 급등과 테마는 보유자의 영역입니다. 돌고 도는 시장의 관심과 비례해서 같이 활성화 되는 게 급등주식, 테마주라고 보시면 될듯합니다. 미리 사서 인내하세요…. 급등 테마로 엮여서 단기간에 주가가 막 상승할 때 불나방처럼 쫓아가면 안 됩니다.

모두 지는 싸움을 하려고 대중의 분위기에 휩쓸려 친구 따라 강남 가는 꼴입니다. 욕심과 본능에 사로잡혀 시장에서 잃어버리는 돈은 저 같은 멍청한 바보와 미리 판을 짜고 계획된 투자를 하는 분에게 흘러갑니다.

저평가 잘 굴러가는 기업은 알아서 테마, 급등하는 주식으로 엮입니다. 의심의 여지 없이 그러합니다. 못 굴러가는 개잡주(?)기업도 알아서 테마, 급등주식으로 엮입니다. 의심의 여지 없이 그러합니다. 우리는 리스크는 최소로 줄이고 확률은 최대한으로 높여야 하기에 늘 저평가 잘 굴러가는 기업을 선택해야 하며 개잡주는 쳐다도 보지 말아야 합니다.

주식시장은 인내심 없는 사람의 돈을
인내심 있는 사람에게 이동시키는 도구이다
-워런 버핏-

집중과 분산

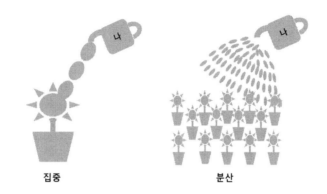

집중   분산

집중투자와 분산투자는 투자자에게 있어 영원한 난제로써 질문과 답이 많은 사람의 입에 오르내리며 의견충돌과 다툼으로 이어지는 경우를 많이 보았습니다. 결론적으로는 이 문제뿐 아니라 투자에 관한 모든 것들은 수학처럼 1+1=2 이렇게 딱 떨어지는 답이 있는 것이 아니라고 말씀드리고 싶습니다.

각자 성격과 성향, 가치관, 원칙, 마음의 그릇, 살아온 환경, 현재 처한 상황, 기업 공부의 정도, 투자의 경험... 등 사람마다 다르므로 각자 알아서 현 상황에 맞게 유동적으로 대처하고 계획하고 실행해야 합니다.

분산이라고 무조건 안전한 것도 아니고, 집중이라고 무조건 위험한 것도 아닙니다. 어떤 기업을 어느 시점에 어떤 생각으로 어떤 원칙과 가치관으로 어떻게 안전마진 깔고 어떻게 접근하느냐의 문제입니다.

①집중투자

작살

　바보는 집중투자를 선호하고. 지금은 집중에 더 큰 의미와 관심을 두고 실천해 나가고 있습니다. 보통 귀가 아프도록 사람들이 말하는 것은 달걀을 한 바구니에 넣어놓으면 위험하다고 말하는데 틀린 말도 아니지만 맞는 말도 아닙니다.

　금융위기나, 이번 코로나 등 예상하지 못하는 상황이 발생하게 되면 분산이든 집중이든 두 경우 다 뚜드려 맞기 때문입니다. 집중하든 분산을 하든 개인이 줄여야 하는 것은 위험성입니다.

　개별기업의 위험성은 분산보다 크긴 합니다만 분산이라고 위험성이 없는 것은 아닙니다. 그 위험성을 최대한 줄이기 위해 급등, 테마주는 피해야 하며 기업을 공부 하고, 저평가 기업, 안전마진 구간 등 국내, 국외의 현인들의 가르침을 쫓아가야 합니다. 즉 엉뚱한 행동과 결정을 하면 안 되겠죠.

　집중이라고 하면 보편적으로 1~2개, 3개를 얘기하는 것으로 알고 있고 조금 더 넓은 시각으로는 1~5개까지인 듯싶습니다.

바보 또한 일정한 자산의 규모를 이루기 전까지는 최대한 5개까지 기업을 편입하여 기업투자를 하려고 마음먹고 있습니다. 그나마도 5개 중에서 1개에 비중이 상황에 따라 다르겠지만 70~90% 이상 비중을 넣어야 한다고 생각하고 실천 중입니다. 1~2개에 집중하고 나머지는 내가 그런데도 사 모으고 싶은 것을 차곡차곡 쌓아가기 위함입니다.

집중투자의 포지션으로 결정을 하였다면 웬만하면 1개 기업에 50~80% 이상 넣고 2번째 기업에 20%~50%, 더 집중하려면 90%, 10% 넣던지 더 집중하려면 1개 기업에 100% 넣든지 하는 방법도 있습니다. 즉 1개~2개의 기업에 온 힘을 쏟아야 합니다.

그만큼 객관적인 정보를 토대로 기업에 관한 공부와 이해가 필요하며 이를 바탕으로 나만의 확신이 들어야겠지요. 남들이 YES 할 때 나는 NO, 남들이 NO 할 때 나는 YES를 할 수 있어야 합니다.

힘들게 번 나의 피땀이 섞여 있는 근로소득으로 투자를 하는 것이니 확실한 곳에 제대로 투자해야겠지요. 대체로 분산보다 집중투자의 난이도가 더 높으며, 많은 경험이 필요로 하고 심리적으로 더 신경이 쓰이며 기본적으로 단기간의 주가 등락에 담대함으로 맞설 자격을 갖추는 것이 선행되어야 합니다.

정채진 님과 정채진 님을 멘토로 삼는 투자 스승이자 귀인인 친구는 10억 미만 1~2개, 선물 주는 산타님은 투자 인생에 있어서 거쳐 가는 기업이 총 10개 정도면 동네 부자 된다. 박영옥 님은 투자 인생에 3~5개 기업이면 된다. 변두 매니저님은 개인투자자는 10억 미만 5개, 50억 미만 10개 이하면 된 다입니다.

변두 매니저님께서 직접 경험하신 내용인데 노르웨이에 Norge Bank라는 국민연금 펀드는 집중투자를 안 해주면 투자를 안 맡긴답니다. 5,000억 주면 기업 몇 개로 운용 할 수 있겠느냐? 라고 물어서 50개? 이렇게 대답했더니 너무 많고 자기네는 인도 펀드매니저에게 몇조를 투자했는데 그 사람은 20개 미만으로 펀드를 운용하고 있는데 성과가 되게 좋다고 말하면서 집중투자를 원했다고 합니다.

그 사람들은 자기네들은 장기투자 하는 걸 적극적으로 추천하고 집중투자 하는 걸 좋아한다. 분산투자 하는 방식은 필요 없다고 합니다. 엄청 큰돈을 굴리면서도 말이죠…. 인도에 맡길 때는 몇조에 20개 기업에 분산했다네요.

당신이 정말 좋아하는 것, Best Investment Idea를 가지고 그 아이디어로 집중투자 해서 장기 보유해서 성과를 보여줘라
-노르웨이 국민연금 펀드 曰(변두매니저)-

집중투자의 핵심은 기업 공부를 기본으로 집중투자에 장기투자 세 개가 융합되는 올바른 방법으로 해야 한다는 것입니다.

몇조를 굴리며 올바른 투자를 하는 거대 기관들 역시 소수의 기업에 집중투자를 합니다. 어떻게 하면 위험을 줄이며 이익을 극대화할 수 있는지 그 물음에 대한 그들 스스로 경험을 통해 해답을 찾은 거겠지요.

평범한 직장인인 우리는 바구니가 여러 개 있다 하더라도 옮겨 담을 달걀이 많이 없습니다. 1개~2개 있는 달걀을 그나마도 달걀이면 좋은데 메추리알 1개~2개인 분들이 대부분이라서 일정 자산의 규모를 이루기 전까지는 바구니는 많이 필요가 없습니다…. 어떻게 포장하고 어떻게 담고 보관, 관리하느냐에 따라서 달걀은 어떠한 외부의 충격과 스트레스에 깨지지 않고 안전할 것입니다.

②분산투자

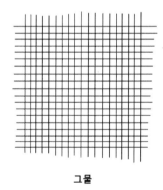

그물

바보는 일정 규모 이상의 자산이 쌓이게 되면 자연스럽게 분산으로 계획 잡고 포트폴리오를 구성할 생각을 하고 있습니다.

현재 바보가 굴리는 자금은 1억 미만이고 바보의 성향과 성격, 현재 상황과 미래의 목표 때문에 집중투자를 하고는 있지만, 분산을 나쁘게 보지도 않고 긍정적으로 보고 있습니다.

투자할 때 집중이든, 분산이든 상관이 없습니다. 본인의 선택대로 하면 된다고 말씀드렸고 집중과 분산 두 곳에서 올바르게 한다고 가정할 때 모두 각자의 백전백승 승리방식이 있습니다. 바보는 집중과 분산 모두 좋아하며 개인에 따라 그 선택이 정해지기에 어느 것이 나쁘다 할 수 없다는 점을 다시 말씀드립니다.

적절한 분산은 절대 망하지 않으면서 차곡차곡 우상향하는 정공법입니다. 바보가 보기에는 평범한 직장인들은 보통 5개~10개가 적당한 것으로 보입니다. 그 이상 늘어난다는 것은 상관은 없으나 바보 개인적으로 볼 때는 일반 직장인을 기준으로 봤을 때 굴리는 자본의 규모를 생각하면 별로 효용성이 없다는 판단입니다.

개별기업에서 이번에 오스템임플란트의 횡령 문제와 HDC현대산업개발의 부실 공사 같은 경우처럼 우리 투자자들이 예측하지 못하는 상황이 발생하기 때문에 안전을 더 생각하시는 성향의 분들은 적절하게 분산해야 합니다. 목적지까지 안전 운전을 위해서는 분산은 선택 아닌 필수이며 투자의 여정에 있어서 심리적인 안정과 평안함을 느낄 수 있습니다.

적립식이라면 1개 기업씩 집중투자 하면서 서서히 기업 개수를 늘려나가면서 자연스레 분산을 만들면 되고, 거치식이면 바

로 분산으로 시작하면 되겠고, 적립+분산 같이 혼합하셔도 되고요

소규모 포트폴리오라면 3~10개가 적당하다 (피터 린치)
너무 과도하게 분산투자 하지 마라 (필립 피셔)
10~30개로 적절한 분산 투자하라 (벤저민 그레이엄)

평생 8~10개 기업이면 충분하고
심지어 1개 기업으로도 충분할 수 있습니다.
-찰리 멍거-

기업 3개면 인생에 충분, 충분 그 이상이다.
기업분석과 벨류에이션 할 줄 안다면 분산은 바보짓
쉽게 파악 가능한 3개 기업 보유하는 것이 잘 알려진 큰 기업 50개 보유하는 것보다 훨씬 위험이 적다.
위험은 자신이 무엇을 하는지 모르는 데서 온다.
-워런 버핏-

집중투자를 투기나 도박으로 아는 사람들이 대부분인데 그것은 올바르게 하지 않는 사람에게 적용할 수 있고, 본인이 잘 아는 기업과 산업에 투자하는 것이죠. 잘 모르는 기업 여러 군데 분산투자 하는 것보다 잘 아는 기업 소수에 집중하여 투자하는 것이 경제적 자유와 동네 부자로 가는 지름길입니다.

집중투자는 시간을 앞당기고 사는 것으로 보시면 될듯합니

다. 젊은 시절에 하루빨리 최대한도로 금보다 귀하고 세상 그 어떤 것보다 귀한 게 시간, 즉 청춘이기 때문입니다. 분산이든, 집중이든 각자가 평안한 방법으로 하시면 됩니다. 다만 보편적으로 큰 틀에서 집중은 더욱 빠르게 시간을 앞당기며 부의 길로 가는 길이고 분산은 이미 일정 궤도에 이른 부를 지키는 방법이라 보시면 될듯합니다.

물론 바보와 같은 평범한 사람은 분산이든, 집중이든, 두 개 섞은 혼합이든 어찌 되었든 간에 올바른 길로만 제대로 차곡차곡 쌓아나가는데 가장 이상적입니다.

집중투자	분산투자
1~2개로 압축, 최대 5개	5개 정도, ~10개
개별기업 위험이 크다	개별기업 위험이 덜하다.
빠르게 가는 지름길	확실하게 지키며 가는 길

집중하던, 분산하던 문제가 없다
그저 올바른 正道….

기업 투자시 대충 살펴봐야 할 것

경쟁력이 있는가?

저평가 구간인가?

무슨 사업을 하는가?

안전마진이 있는가?

현재 잘 굴러가는가?

유리 바닥이 보이는가?

매출이 우상향하는가?

이익이 우상향하는가?

배당이 우상향하는가?

저위험 고수익 구간인가?

차트상 저점 & 횡보하는가?

미래에도 살아남을 것인가?

앞으로도 잘 굴러갈 것인가?

사업보고서 사업내용 대충 훑기

남들이 아무도 관심이 없는 기업인가?

기업 리포트 몇 년 치 모아서 대충 훑기

충분히 수량을 모아갈 수 있는 기업인가?

내가 대충 쉽게 이해를 할 수 있는 기업인가?

기업의 비중을 어느 정도 할 정도의 상태인가?

지금 잘 못 굴러간다면 앞으로는 잘 굴러갈 것인가?

기업 유튜브 영상 있는 대로 선별해서 다 대충 훑기

기업 블로그 분석 글 있는 대로 선별해서 다 대충 훑기

기업 10년 치 뉴스와 경영자의 10년 치 인터뷰 대충 훑기

변동성과 위험성

기업투자를 하면서 변동과 위험을 제대로 구분해야 합니다. 존 리 님의 말씀으로 변동성은 개인이 어찌할 수 없지만, 위험성은 조절하고 관리할 수 있습니다. 주가가 10~50% 하락한다고 위험한 게 아니라 기업이 상장폐지, 망하거나, 대표와 임직원들의 횡령, 배임 등 예상치 못하는 사건·사고가 발생하는 것이 위험한 겁니다.

변동성이란 단기적인 주가의 오르내림입니다. 사는 사람이 많으면 주가는 오르고, 파는 사람이 많으면 내립니다. 기업이 잘 굴러감과 관계없이 수급에 의해 인간의 본능에 의해 시시각각 변화하는 주가의 흐름입니다.

위험성을 관리하는 것은 기업을 추적관찰하고 공부 후 안전마진 및 저평가 구간을 찾아서 기업투자를 하는 것이고 급등, 테마, 고점, 귀동냥 등의 방식을 멀리하는 것입니다. 더불어서 인간본능을 극복하기 위한 마음을 수련하여 마음의 그릇을 키우는 작업과 더불어 혹시 모를 사태에 대비하여 포트폴리오를 구성하여 적절한 분산 등 보수적으로 현명하게 계획된 투자를 하는 것이라 할 수 있습니다.

배를 타고 목적지까지 감에 있어서 출렁이는 파도에 뱃멀미가 위험한 것이 아니라 수영을 못하는데 구명조끼 없이 바다에 빠지는 것이 위험합니다.

주가 하락은 기회다

보통 주가가 하락하면 아이고 곡소리가 여기저기서 들립니다. 뉴스에서도 들리고, 영상매체나 주변에서도 들리고, 각종 기업 게시판 등에서도 무음의 통곡 소리가 들립니다…. 주가 하락을 안 좋은 상황으로 생각하는 이유는 보통의 대부분 투자자의 생각은 무조건~오르기를 바라거나, 원금의 손실 회피 본능이 지배적이기 때문입니다.

단 1%라도 내가 투자한 금액의 손실을 싫어합니다. 애초에 기업투자를 시작할 때 급등, 테마주, 고점 기업은 피하면서 하락을 생각하고 들어가야 하고 마이너스 10~50%까지 폭넓게 가능성을 열어두어야 하며 애초에 하방이 막힌 안전마진+유리바닥의 상태에서 접근하면서 하락을 예상한 상태로 접근하는 것이 이상적이라 볼 수 있습니다.

처음부터 주가 하락 시 손절매할 기업의 지분은 매수하시면 안 됩니다. 주가 하락하면 할수록 기쁜 마음으로 모아갈 것을 기업 공부 후 선택해서 사 모아 가는 것이 좋습니다. 하락은 싸게 많은 양을 매집할 기회입니다.

포트폴리오

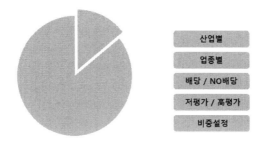

산업별
업종별
배당 / NO배당
저평가 / 高평가
비중설정

기업투자를 시작하기에 앞서, 혹은 시작 후에도 곰곰이 나만의 포트폴리오에 대하여 천천히 생각해 보아야 합니다. 이게 단순히 의식의 흐름대로 해나가다가 자연스레 꾸려지는 포트폴리오도 나쁜 것은 아닙니다.

계획되어 지어지는 도시처럼 미리 종이에 적으며 끄적이다 보면 체계적이고 시각화되는 나의 희망찬 미래가 더욱 선명하게 보이기 때문에 목표설정과 방향 설정에 도움이 많이 됩니다.

A 기업을 적립식으로 목표 수량 몇 개로 어느 정도 모으겠다. 그 후 B 기업을 몇 개로 어느 정도 모으겠다…. 최종적으로는 전체 포트폴리오 비중을 A는 몇 퍼센트, B는 몇 퍼센트로 하겠다든지, 아니면 거치식으로 계획 짜시든지, 적립식+거치식 혼합해서 짜시든지 하시면 됩니다. 수십 가지의 방식이 있으니 본인만의 방식으로 천천히 짜시면 될듯합니다.

탑다운, 바텀업

탑다운 : 산업분석 → 기업발굴

바텀업 : 기업

탑다운 과 바텀업…. 정답은 없습니다. 이 사례뿐만 아니라 결론적으로 모~든 투자의 갈림길에 있어서 정답은 없습니다. 오직 본인만의 결정과 선택 판단만 있을 뿐이라는 것을 다시 한번 말씀드립니다.

탑다운은 거시경제와 산업을 분석하여 그에 따른 유망한 기업을 하향식으로 발굴하는 것이고, 바텀업은 기업을 먼저 보는 반대 개념입니다. 두 방법 다 결국은 기업을 발굴하는 것인데 처음 접근방법에 차이가 있을 뿐입니다.

국내, 국외 현인들의 말씀처럼 오로지 기업만을 공부하고 조사하여 시장과 거시경제 등은 참고만 하고 저평가이면서 안전마진 있고 경쟁력 있는 좋은 기업을 발굴하고 추적관찰 해야 할 것입니다.

이미 누구나 관심이 증폭하여 큰 시세가 난 섹터를 조사할 때는 그 섹터 중에 아직 시세가 나지 않은 저평가 좋은 기업을 발굴하시는 것도 한 가지의 방법입니다. 어찌 되었든 탑다운 과 바텀업의 본질적인 목적은 기업!!. 본질을 흐리지 않으면서 각자의 방식대로 올바르게 투자하면 좋을 듯싶습니다.

파이프라인 우화

결론적으로 우화의 교훈과 가르침은 내가 일하지 않아도 수익이 발생하는 파이프라인을 구축하지 않으면 죽을 때까지 일해야 한다는 것을 일깨워줍니다.

어느 한 마을에 물이 필요한 이장이 2명의 젊은 청년을 고용하고 물을 길어 다 주면 그 양에게 따라서 돈을 주기로 했습니다. 두 청년은 아침부터 저녁까지 열심히 물을 길어다가 주고 일한 만큼 돈을 벌었습니다.

A 젊은이는 현재의 생활에 만족하였고, B 젊은이는 현재에 만족하지 못했는데요. 두 젊은이는 날이 저물면 등이 아프고 손이 쑤시며 피로가 계속 누적되어 쌓였습니다.

A 젊은이는 양동이를 더 크게 주문 제작하여 한꺼번에 더 많은 물을 담아 옮기는 방법을 택합니다. 반면 B 젊은이는 파이프라인을 건설하여 물이 저절로 흘러 마을에 오도록 하는 방법을 택합니다.

파이프라인을 구축한 B 젊은이는 이제는 물통을 나를 필요가 없었습니다. 그가 힘들게 물통을 나르지 않아도 깨끗한 물이 계속 물탱크 속으로 흘러 들어갔기 때문입니다. 그가 밥을 먹거나 잠을 자는 동안에도 즐겁게 노는 시간에도 물은 계속해서 흘렀고 흘러가는 물이 늘어날수록 점점 더 돈을 벌었습니다.

한 젊은이는 평생 근로소득으로 사는 것을 택하였고 한 젊은이는 끊임없이 들어오는 자본소득을 구축하는 걸 택한 것입니다. 물통은 아무리 커도 마르고, 시간은 누구에게나 공평하게 주어집니다.

"부"는 근면, 인내, 계획 그리고 무엇보다 자기 자신을 통제하는 생활방식의 결정체이고, 백만장자는 대부분 자신이 버는 수입의 15~20%를 미래를 위해 주식, 채권, 사업, 부동산, 연금 등의 자산 증식 파이프라인에 현명하게 투자한다고 합니다. 그렇게 파이프라인을 구축하면 그들이 50대나 60대가 되었을 시 백만장자의 대열에 올라서게 되죠.

A는 노동 소득이고, B는 자본소득입니다. 노동 소득은 내 시간과 내 육체노동으로 돈을 맞교환 하는 거고 자본소득은 내가 일하지 않아도 돈이 들어오는 시스템 구축을 하는 겁니다. 노동 소득은 결국 물줄기가 마르며 자본소득은 마르지 않는 샘물과 같습니다. 생산성 있는 자산을 꾸준히 사 모으는 것만이 직장인의 유일한 대안이며 자본소득이 근로소득을 넘어서면 그것이 경제적 자유입니다.

월급을 무시하면 안 된다.

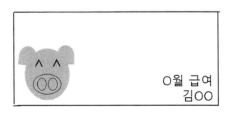

O월 급여
김OO

대한민국의 국민 대부분인 직장인들은 한 달간 열심히 노동소득으로 급여를 받습니다. 매달 꼬박꼬박 월급통장에 바람처럼 스치듯 들어와서 텅 빈 통장이 되어버립니다.

적든 많든지 간에 우리의 급여는 매우 소중합니다. 급여가 가상의 통장 안에 들어있는 현금에 대한 정기예금 년 이자율 1%라고 가정해서 생각해 본다면 아주 놀랄만한 큰 금액입니다.

36억—연봉 3,600만 원—월급 300만 원

32억-연봉 3,200만 원-월급 266만 원

28억—연봉 2,800만 원—월급 233만 원

24억—연봉 2,400만 원—월급 200만 원

20억—연봉 2,000만 원—월급 166만 원

월 300 받는 분은 통장에 36억, 200은 24억 있다고 생각하면 되겠습니다. 매달 10만 원~100만 원 사이 여유 되는 금액을 차곡차곡 배당 우상향의 좋은 기업들을 매집하시어 향후 5년, 10년, 15년, 20년을 내다보고 수량 확보와 배당 복리를 쟁취하세요~

종잣돈이 없고 만원부터 쌓아 가시는 분들은 점진적으로 시드 크기를 매달 10~100만 원 사이로 계속 들이부어서 지우개 똥을 손으로 뭉치며 크기를 키우는 작업이 필요합니다.

근검절약으로 10~50만 원을 아낀다면 그것은 투자로 비유하자면 월급이 200만 원이라 가정할 시에 확정 수익이 5~25% 난 거나 다름이 없습니다…. 과소비하면 없어질 돈입니다. 현명하게 합리적인 소비로 행복과 투자로 인한 미래 대비의 건강한 균형을 유지하는 것이 최선책일듯합니다.

6개월 안에 두 배를 늘리는 건 경마나 카지노처럼 투기다.
그러나 난 그런 거 할 줄 모른다.
-워런 버핏-

사람이 명품이 되어야 한다. 명품 좋아하면 빚쟁이 된다.
쓰는 재미보다 모으는 재미를 가져라
세상에 일확천금은 없다. 탑을 쌓듯이 쌓아 올라가라
제일 나쁜 게 욕심이야.
-배우 전원주 님-

돈! 일하게 하라 돈이 돈을번다

바보가 느낄 때는 "돈이 돈을 번다." 이 말뜻을 올바르게 이해하고 계시는 분이 많이 없을 것으로 생각됩니다. 생각도 많이 안 해 보셨을 거 같고 생각하고 싶어도 몇억 등 큰 목돈이 있어야 가능한 뜬구름 잡는 얘기로만 알고 계실 수도 있을듯합니다.

하지만 금액이 큰 게 중요한 게 아니라 그 개념과 원리대로 묵묵히 각자의 형편대로 실행해 나가면 돈이 돈을 버는 그런 상황을 직접 느끼고 경험하실 수가 있습니다. 기업투자를 올바르게 시작하는 그 순간 나 혼자 일하는 것이 아니라 그 기업의 임직원들이 나의 삶에 긍정적인 활력과 희망을 불어넣어 줄 것입니다.

예로 들면 평범한 직장인이 매달 투자할 수 있는 여윳돈이 50만 원이라 가정하고 증권계좌를 통해 기업에 적립을 하게 되면 1년이면 600만 원 치 기업 지분을 소유하게 됩니다. 2년 적립하면 1,200만 원 되죠. 3년 적립하면 1,800만 원, 4년 2,400만 원, 5년 3,000만 원, 6년 3,600만 원, 7년 4,200만 원, 8년 4,800만 원, 9년 5,400만 원, 10년 6,000만 원

여기서 올바르게 투자했을 시 미래에 얻게 될 시세차익과 배당 두 가지로 적립 시점이 3년이 되는 상황이라 가정하고 정석대로 간단하게 살펴보면 3년 적립 시 1,800만 원입니다.

10~30% 수익이 났다고 치면 180만 원~540만 원의 이문을

취할 수 있습니다. 매월 50만 원씩 납입하기에 1달이 50만 원…. 10% 수익의 180만 원은 4달 정도…. 15%는 270만 원 5달 이상…. 20%는 360만 원 7달…. 25%는 450만 원 9달…. 30%는 11달 정도….

4%의 고정 배당으로(배당 우상향의 기업은 더욱 복리가 커짐) 아주 단순하게 1개당 주가 1만 원, 배당 400원 하는 것을 주가의 변동 없이 사 모은다고 가정할 때 3년에 1,800만 원치 기업지분 적립을 한 그 시점에 본다면 1년 차 600개의 400원은 24만 원…. 2년 차 1,200만 원 적립에 +로 배당 24만 원 하면 1,224개의 400원은 48만9천 원…. 3년 차 1,800만 원 적립에 +24만, 48만9천 원 하면 1,873개의 400원은 74만9천 원입니다.

덧셈과 곱셈이 유기적으로 결합하여 지속해서 굴러가는데 처음에는 더디게 보이나 매월 투입하는 적립금으로 종잣돈이 커지며 시간과 만나 3년, 5년, 7년, 10년…. 30년 일정 기간이 지나면 엄청난 복리의 과실을 얻게 됩니다. 제가 바보라서 설명이 좀 부족하고 이상한 게 있을 수가 있지만, 그것이 중요한 게 아니고 시세차익과 배당 복리의 그 본질만 잘 전달되면 될 듯합니다.

즉 기업투자로 인하여 나 혼자가 아닌 기업과의 동행으로 인하여 얻게 되는 이득은 시간을 사는 것과 다름이 없습니다. 게다가 기업과의 일정 기간의 동행중에 배당 복리와 덤으로 시세차익까지 얻게 되면 그 과실은 매우 커지게 됩니다. 목표지점까지의 시간을 빠르게 앞당길 수 있습니다.

두서없이 적었는데 기업과 올바른 동행은 실패할 수 없으며 계좌를 살찌우고 복리의 달콤한 과일을 맛 볼 수가 있으니 가정에는 안녕과 평화…. 풍요로움이 가득하게 될 것입니다. 세상에는 수많은 걱정거리와 사건, 사고가 일어나며 인생은 늘 웃는 일만 생기지 않고 고달픕니다.

적어도 경제적인 문제로 집안의 다툼이 없어야 하고, 스트레스 또한 받지 않으며, 미래를 걱정하지 않아야 합니다. 세상에는 그것 말고도 수많은 것들로 아이부터 어른까지 누구나 고민하고 생각할 것들이 많기 때문입니다.

고대 시대부터 조선 시대를 거쳐 근현대사까지는 일반 평범한 백성이자 시민들이 늘 노동 소득으로만 평생을 고생하며 살아왔습니다. 지금은 시대가 변하여 휴대전화로 전 세계 어디에 있든지 간에 기업의 지분을 살 수 있는 문명의 시대입니다. 아무쪼록 공무원만 쫓지 말고 취직해서 현금흐름을 만들고 생산성 있는 기업의 지분을 야금야금 모아 나가야 합니다~!

가난은 소비가 만들고, 평균은 저축이 만들고
부자는 투자가 만든다.
-전업투자자 강민우 님-

근검절약 후 급여의 10~30%(많을수록 좋음)의 여윳돈을…10만 원~100만 원 사이…. 청년은 웬만하면 50만 원 이상을 청년들은 첫 직장부터 퇴직까지, 아이는 출생 시 부모가 바로~ 배당 우상향의 작지만 강한 기업과 위대한 기업을 적절히 집중, 적절히 분산하여 포트폴리오 구조 짜고 사 모으면 됩니다.

유비무환(有備無患)이라고 하였습니다. 준비가 있으면 근심이 없다는 말과 같이 노후와 미래의 준비를 위해 쓰는 투자금 제외하고 소확행과 욜로를 즐기면서 사시면 아무 걱정이 없을 것입니다.

그저
묵묵히 저는
꾸준히 매달, 매달
기계처럼, 바보처럼
성실하게, 복리를 믿고
올바른 正道와 실천으로써
한 치의 흔들림이 없이 우직하게
여러 멘토의 가르침과 승리 공식대로
한 걸음 한 걸음 앞으로 나아갈 것입니다.
-바보 농부 드림-

3.투자는 철학, 원칙, 인문학
논리, 구조, 이성, 상식, 마인드,
인내의 집합체

투자자 vs 매매자

현명한 투자자

투자는 철학이다.

투자자 마음가짐

투자자의 포지션

소비와 저축의 균형

매일,매달,매년 부를 쌓아간다

티끌모아 티끌, 티끌모아 태산

가난, 부자되는 철학

시세의 원리, 세상의 흐름

기업 지분은 보유하는 것

투자는 따분하고 지루하다

배당은 절대로 거짓말 하지 않는다.

주가는 꿈&이상, 배당은 쌀,식량

수량 모으는 맛, 수량이 甲이다

정답은 없지만 잘못된 방법은 있다.

타이밍이 아닌 타임

토끼와 거북이

읽어볼 글귀

바보 농부의 투자

투자자 vs 매매자

毫釐千里(호리천리)

티끌 하나의 차이가 천 리의 차이라는 뜻으로 처음에는 조금의 차이지만 나중에는 대단한 차이가 생김을 이르는 말

기업의 지분을 휴대전화나 컴퓨터로 사는 행위, 파는 행위는 누구에게나 똑같이 적용됩니다. 다만 기업투자를 하는 데 있어서 투자자로 접근하느냐, 매매자로 접근하느냐 그 작은 한 끗의 차이로 투자자의 앞날은 크게 바뀝니다. 마음가짐을 올바르게 하지 않는다면 늪의 구렁텅이로 빠지게 될 것입니다.

투자는 이익을 얻기 위하여 어떤 일이나 사업에 자본과 시간, 정성을 쏟는 일이고 매매는 사고, 판다는 뜻입니다. 이 두 가지의 뜻은 극명하게 갈리는데 대부분이 매매자의 포지션에 있는 것으로 알고 있습니다.

투자자로 접근하면서 기회가 왔거나 정한 원칙과 소신에 따라서 올바르게 매매하면 아무 문제가 없다고 생각하고 익절매는 급등, 테마, 단타의 목적으로 본능에 쫓겨서 수익 낸 게 아니라면 언제나 익절매는 옳다고 생각하는 사람 중 한 명입니다.

돈과 시간 정성 세 가지를 쏟아야 달콤한 이익과 보상을 얻을 수가 있는데 돈만 넣고 시간과 정성이 들어가질 않는데 그게 성공 투자로 이어지게 되면 더 이상한 것이라 할 수가 있사

옵니다. 물론 소 뒷걸음질에 쥐 잡듯이 한두 번의 요행은 있을 수 있으나 지속해서 꾸준한 성공 투자는 불가능합니다.

정성이란 객관적인 자료들로 기업을 공부하고 추적관찰 하는 등 내가 투자해야 할 기업에 대하여 알아가는 것을 포함하는 개인의 노력이고, 시간은 말 그대로 잘 성장하고 발전할 때까지 기업을 믿고 기다리며 인내하는 것을 말합니다.

매매자는 늘 어디가 핫 한가? 어디 가면 빠르게 먹을 수 있나? 어떻게 치고 빠지는 것을 생각합니다만 투자자는 정반대입니다. 어디가 괜찮을까? 다음은 어디인가? 이 기업의 미래가 괜찮을 것인가? 어떤 계획을 세우고 실천할까?

대한민국의 각종 온라인 매체와 뉴스 전문가들의 내용은 자꾸만 매매자로의 삶을 부추기고 달콤한 말로 꼬드깁니다. 기업 투자를 처음 접하는 일반인들은 그런 방송들을 보며 사야 하겠군, 팔아야 하겠군 손절가, 차트 등등 안 좋은 방법으로 입문하기 때문에 이 습관은 고치기가 힘들며 본인의 시간 투자와 노력 없이 빨리 이루려고 하는 분이 많아서 이 문제는 해결되기 어렵습니다.

투자는 철저한 분석에 근거하여 원금의 안정성과 적절한 수익성을 추구하는 것이다. 이러한 조건을 충족하지 못하는 행위는 투기다.
-벤저민 그레이엄(현명한 투자자)-

현명한 투자자

참을성 있고 충실히 연습하며 배움을 게을리하지 않는 투자자를 의미한다. 간단히 말해 현명한 투자자는 자신의 감정에 대한 통제력과 독립적인 사고력을 갖춘 사람을 말한다. 두뇌 회전보다는 성격과 더욱 연관이 있다.

높은 지능지수와 고학력이 현명한 투자를 보장하지 않는다. 사람들이 실패하는 이유는 성공적인 투자에 필요한 감정적인 훈련을 받지 못했기 때문이다.

-벤저민 그레이엄-

대부분 전문가라 불리는 많은 사람은 주가가 내려가면 거기에 맞는 이유를 여기저기 갖다 붙이고 반대로 주가가 상승해도 여기저기 이유를 입맛대로 갖다 붙이는 것은 일상이고 예측이 틀리면 태세 전환이 빠르고 그 상황에 맞는 이야기를 해줍니다….

일반인 분들은 많은 것을 알아야 하는 게 아닙니다. 적절하게만 공부하시고 꾸준하게 좋은 기업의 지분을 묵묵히 사 모으기만 해도 충분하게 상위 1~10%의 투자가에 속하실 수 있는데 그만큼 제대로 하는 사람이 적기 때문입니다.

현명한 투자는 복잡하거나 어렵지 않습니다. 지극히 상식적인 얘기인데요. 남에게 휘둘리지 않고 객관적인 정보를 바탕으로 본인만의 원칙과 소신, 확신에 합리적인 판단과 의사결정을 하는 것입니다. 대부분 인간 본성인 탐욕과 욕심을 극복하지 못하여 어긋나 버립니다. 마음의 수련 즉 마음의 그릇 크기가 투자의 향방을 결정합니다.

TV를 살 때 휴대전화를 살 때 냉장고를 살 때, 음식물을 살 때, 휴가철에 여행 등 꼼꼼하게 정보를 확인하고 가격과 성능, 질 여러 가지를 비교해가며 현명하게 소비합니다.... 투자도 이와 같습니다. 다이소에서 몇천 원짜리 물건을 살 때도 허투루 사지 않듯이 기업투자의 선택과 과정, 동행에 있어서 욕심과 탐욕에 휩쓸리지 마시고 투자의 처음과 과정 끝 모두 현명하게 투자하십시오.

이성적인 투자자는 단 한 가지만 잘하면 된다. 주식을 살 때 기업을 산다는 마음으로 임하는 것이다. 5년 동안 주가를 확인하지 않아도 전혀 상관없다.

농장이나 아파트, 맥도널드 가맹점의 시세를 매일 확인하는 사람은 없다. 주식을 기업으로 생각하면서 그 기업의 실적에 관심을 기울여라. 주식을 사는 것은 바로 회사를 사는 것이다.

그 회사가 어떤 상황이고, 얼마에 사는 것이 적당한지 그 회사를 사는 것처럼 철저히 연구 해야 한다.

-워런 버핏-

투자는 철학이다.

농부투자자

저도 묵묵히 매달 여유현금흐름으로 계속 배당주
사모으고 있습니다
10년 20년 보고 사모으고 있는데. 싸지면
땡큐죠. 이런마음으로 접근하셔야합니다
수량 모으고 있는데 가격상승해서 저멀리
도망가면 사모을수도 없습니다
이런 하락장이 기회입니다~!

우리 인간은 지금껏 상상 못할 문명을
이룩했습니다
폰으로 다되는 세상이지요
구석기 시대에 돌갈아서 도구로 사용 하던
그때부터 지금 까지의 문명의 발전과 각종
눈부신 번영
지금 이 코로나. 잠시입니다
백신이며 치료제며 나올것입니다
위기가 오면 늘 해결책을 찾아 헤쳐 나가 왔던게
인간의 역사입니다 ~!

다들 매달 여유금으로 줍줍하시오
조심하되. 너무 공포에 떨필요는 없습니다

2020.03.11. 18:43   답글 쓰기

2020년 3월 코로나 이후

어느 글에 바보 농부가 쓴 댓글

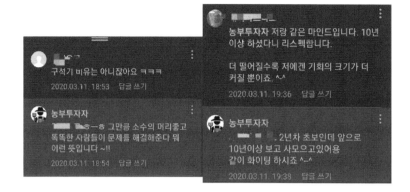

2020년 2월 중순에 코로나가 터지고 사람들은 공황에 빠졌습니다. 곡소리가 전국을 덮었는데. 그러던 중 어느 글에 바보농부가 단 댓글입니다. 2018년 12월부터 투자를 시작했으니 횟수로는 2년 차고 실제로는 15개월(1년 3개월)의 투자경력인 상황에서 코로나를 직격으로 맞았지만, 묵묵히 저의 길을 걸어갔고 지금 또한 마찬가지이며 앞으로도 그럴 것입니다.

2022년 4월 현재 41개월(3년 5개월)을 직장인 적립식 배당투자를 원칙으로 달려오고 있는데 투자 3년 5개월의 시간 동안 많은 국제사회의 일들을 겪어오고 있습니다. 미·중 무역전쟁부터 시작해서 사드 보복, 일본의 소재 알아서 해라 사건, 코로나, 러시아와 우크라이나 전쟁 등이 그 사례입니다.

앞으로도 인류가 존속하는 한 끊임없이 이슈와 사건, 사고가 일어날 것으로 보면 되겠습니다. 올바르게 제대로만 꾸준히 실천하신다고 하면 전혀 흔들릴 필요 없이 목적지까지 뚜벅뚜벅 걸어가시면 되리라고 바보는 그렇게 생각합니다.

투자는
도박이 아닙니다.
내가 사업을 하는 것입니다.
단순히 숫자 놀이가 아닙니다.
경력과 실력이 비례하지 않습니다.
사 모으며 복리로 굴리는 것입니다.
꾸준히 지속해서 실천하는 것입니다.
사 모으며, 보유하며 때를 기다리는 것입니다.
머리가 좋아야 큰 수익을 낼 수 있는 것이 아닙니다.
남과 경쟁 하는 것이 아닌, 자기 자신과의 싸움입니다.
노후를 위해, 경제적 자유를 위해, 생존을 위해 필수입니다.

철학, 원칙, 인문학
논리, 구조, 이성, 상식,
마인드, 인내의 집합체입니다.

모~든 국내, 국외 현인들의 공통된 조언은 心(마음)입니다.
이것들을 깨닫고 기업 공부와 더불어서 꾸준함, 마음수련, 마음공부 마음의 그릇의 크기를 키우는 사람만이 평탄하게 차곡차곡 자산이 우상향할 것입니다.

머리 좋은 것만으로 투자에 성공할 수 없다.

성공과 실패를 가르는 것은 그 사람의 인격, 성품, 자질이다.

인내심 없는 사람의 돈 ➔ 인내심 있는 사람

좋은 머리가 아니라 합리적인 사고가 필요하다.

-워런 버핏-

투자는 지식이나 똑똑함보다는 올바른 품성이 더 중요하다.

*올바른 품성-참을성, 원칙, 용기, 정직, 검소함, 존중, 배려 등

장기적으로 뛰어난 투자 성적을 얻으려면

단기적으로 나쁜 성적을 견뎌 내야 한다(인내심).

-찰리 멍거-

대학교에서 과학, 수학, 회계학 같은 일반 경영학 과목은 필수과목을 제외하고 피해 다녔다. 대신 인문학 과목을 주로 수강했다. 역사, 심리학, 정치학을 배웠고 형이상학, 인식론, 논리학, 종교학, 고대 그리스 철학을 공부했다.

지금 돌이켜 보니 통계학보다는 역사와 철학 공부가 나의 주식투자에 훨씬 도움이 되었다.

-피터 린치-

스스로 판단할 수 있는 자유로운 영혼과 어느 정도의 정신력을 갖고 있다면 굳이 다수를 따라갈 필요가 없다.

-존 네프-

투자는 IQ와 통찰력 혹은 기법의 문제가 아니라 원칙과 태도의 문제이다. 현명한 투자자는 비관주의자에게 주식을 사서 낙관주의자에게 판다.

정직하라. 끊임없이 노력하라. 그리고 인내하라. 용기를 가지고 자신을 신뢰하라. 야망을 가지고 근면하라. 인내와 능력, 판단을 겸비하라. 꿈과 상상을 내 것으로 만들어라

-벤저민 그레이엄-

현재 시장이 가진 이미지와 실제 사실 간의 차이를 명확하게 구별할 줄 아는 참을성 있는 투자자들이 돈을 번다.

일반투자자에게는 어렵다고 생각되겠지만 투기가 아닌 올바른 투자를 위해서는 믿고 참을 수 있어야 한다.

-필립 피셔-

원칙 없이 부화뇌동 말고 자신만의 원칙을 세워라

탐욕, 이기심, 자존심은 손실을 키우는 지름길이다.

-마티슈발츠-

투자자는 무엇이 옳은지 그른지에 대해 자신만의 생각과 아이디어 방향을 가지고 있어야 하며, 대중에 휩쓸려 감정적으로 행동하지 않아야 한다.

생각하지 않는 자는 투자에서 절대로 성공할 수 없다. 브로커 말에 귀 기울이지 말고 군중을 쫓아 가지 마라

-앙드레 코스톨라니-

일관성과 인내심을 가지는 것이 중요하다.

참으면 참을수록 복리라는 놈은 더더욱 당신 편이 될 것이다.

-세스 클라만-

중도를 걸어라. 그러면 안전할 것이다

우연은 항상 강력하다. 항상 낚싯바늘을 던져두라. 전혀 기대하지 않은 곳에 물고기가 있을 것이다.

-시인 오비디우스-

좋은 회사의 주식을 가능한 한 많이 보유해라

꾸준히 자산을 사모아라. 마음이 편한 투자해라

하락은 싸게 주울 기회이다.

차트의 주름을 펴서 먹을 자신이 없다면 가만히 있는 게 낫다

-마편배의 현인들-

내가 수학 이런 쪽은 계산하고 다 할 수 있는데

인간의 광기는 계산을 못 한다.

-뉴턴-

자연의 열매가 태양 아래에서 익듯

투자의 열매는 인내 아래에서 익는다

-어느 블로거님의 글-

투자자의 마음가짐

성실하게 꾸준해야 한다.

마음이 편한 투자를 추구해야 한다.

같은 실수를 반복해서는 안 된다.

긍정적인 마인드를 갖추어야 한다.

마음의 그릇의 크기를 키워야 한다.

한 계단 한 계단 금자탑을 쌓아야 한다.

실패의 경험으로부터 교훈을 얻어야 한다.

성공의 경험으로부터 교훈을 얻어야 한다.

노력에 대한 정당한 보상을 바라야 한다.

나만의 보폭으로 목적지까지 가면 된다.

남이 가는 속도는 신경을 쓰지 않아야 한다.

몸에 힘을 빼고 편안하게 대충 해야 한다.

편안한 상태로 대충하되 제대로 해야 한다.

투자는 기업과의 동행이며, 나의 사업이다.

큰 부를 얻고 싶거든 그만한 그릇을 갖춰야 한다.

원시 본능(탐욕, 시기, 질투, 두려움, 공포)을 극복해야 한다.

욕심은 많고 노력은 하기 싫은 그것을 극복해야 한다.

젊을수록, 빠른 부를 원할수록 저위험 고수익을 지향

나이가 많고 안정을 원할수록 저위험 저~중수익을 지향

正道로 불확실성을 최소한으로 줄이고 될 확률을 최대한으로 투자자로서 가져야 할 필수 소양은 무에서 유를 창조하신 평범한 사람들의 본보기가 되는 배우 전원주 님께서 너무나 잘 알려주고 계십니다. 근검절약 해야 하며, 적절하게 소비하고 명품 좋아하지 말고 본인 스스로가 명품이 되라 하십니다. 욕심 부리지 말고 차곡차곡 쌓아나가라고도 말씀해주십니다.

누구나 알고 있는 조언이지만 실천하는 사람은 많이 없습니다. 그것은 바로 인간이 그렇게 태어났기 때문입니다. 모두 정답을 알고 있으나 실천이 쉽지 않습니다. 중식의 대가 이연복 님께서 요리 예능을 통하여 본인의 40 몇 년의 비법을 하나하나 시청자에게 알려주셨었는데요.

어느 기자분께서 "조리법 다 가르쳐 주셔도 되나요?"라고 물으니까 이연복 님이 하시는 말씀이 "가르쳐줘도 따라 할 사람만 하지 게으른 사람은 안에요"라고 대답을 했습니다. 이연복 님이 인생의 산전수전을 겪으며 50년~60년 이상 사시면서 얻은 것을 토대로 세상의 흐름과 순리, 진리의 가르침 중 하나를 단 한마디에 바보가 얻을 수 있었습니다.

전원주 님의 기본적인 조언과 이연복 님의 "실천"에 필수적으로 덧붙일 것은 성공과 실패의 경험으로부터 체득 화하여 다시는 같은 실수를 반복하지 않으면서 투자의 근육을 키우는 것이며 최종적으로는 마음의 그릇의 크기를 키우는 작업을 같이 하여 기초부터 심화 과정까지 골고루 투자자로서의 무림 고수로 성장해야 할 것입니다.

국내와 외국의 현인들의 좋은 가르침을 하나씩 나에게 맞는 것을 쌓아가는 작업을 해야 하며, 성공 경험은 계속 흡수하고 실패의 경험은 반면교사 삼아 일주일, 한 달, 6개월, 1년 등 세월이 지남에 따라 능력적으로 성장을 해야 합니다. 그것이 되지 않는다면 평생 제자리에 머물며 발전이 없을 것입니다.

그리고 원시 본능인 탐욕, 시기, 질투, 두려움, 공포 등을 극복해야 하는데 이 과정은 쉽지 않고 제일 어려운 것입니다. 기업투자를 위하여 숫자라던지 재무제표 등의 정량적 부분과 논리적 사고와 추론 능력, 판단력이 필요한 정성적 부분이 있지만, 정량적 → 정성적 → 마음 그릇 키우기 순으로 어렵다고 보고 있습니다.

보통 기업투자의 목표와 포부는 큰데 그 기대에 합당한 과실을 얻을 만한 노력은 하지 않고 단기간에 전투적으로 미스 터 시장에 덤벼들기 때문에 추풍낙엽처럼 그놈에게 주먹으로 맞고 KO 되는 것 같습니다.

근검절약 + 소비와 저축(투자)의 균형

기업투자 경험치 쌓기+ 현인들의 교육 흡수

마음수련+마음의 그릇 키우기

기초 없이 이룬 성취는 단계를 오르는 것이 아니라
성취 후 다시 바닥으로 돌아오게 된다.
-미생 드라마-

멈추지 않는 이상
얼마나 천천히 가는지는 문제가 되지 않는다
산을 움직이려 하는 자는
작은 돌을 들어내는 일부터 시작한다.
-공자-

굽히지 않는 인내가 필요하다. 주변의 대다수가 아니라고 하
더라도 끝까지 고집할 수 있는 의지력 말이다. 그리고 이 의
지는 직관과는 지향하는 방향이 다르다.
-존 네프-

욕심부리지 말고 근검절약하며 비싼 명품 좋아하지 말고 사
람이 명품이 되어야 한다. 쓰는 재미 말고, 모으는 재미를 가
져야 하며, 급하게 가려 하지 말고 차곡차곡 쌓아라
-배우 전원주-

**6개월 안에 두 배를 늘리려는 건 경마나 카지노처럼 투기다.
나는 그런 거 할 줄 모른다.
-워런 버핏-**

투자자의 포지션

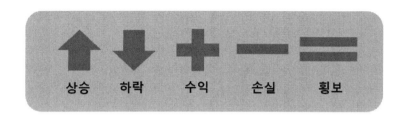

기업 투자 시 정해진 테두리 내에서 다양한 상황이 발생합니다. 대표적으로 주가의 상승과 하락, 계좌의 수익 중과 손실 중, 주가의 짧거나 긴 횡보가 있는데 투자자의 마음과 함께 포지션이 참 중요합니다.

예전에 제가 투자하는 기업의 기업 게시판에서 바보 농부를 단체 톡 방장님께서 들어오라고 하셔서 들어간 적이 있는데 그 속에 있으니 너무 온종일 피곤한 겁니다. 열 몇 명의 사람들이 같이 투자 동행을 위해서 모였는데 그 방의 톡 내용은 일관적이었습니다.

몇 명이 돌아가면서 주가가 하락한다고 푸념을 하고, 또 주가가 안 오른다고 푸념을 합니다. 거기서 그치지 않고 안 좋은 뉴스 나왔다고 푸념을…. 순화시킨다고 푸념이라고 적었지만…. 그 상황을 웃으며 넘기기에는

처음에는 여러 상황에 대해서 이건 이렇고 저건 저렇게 생각을 한다. 기업은 잘 굴러가고 있다 얘기해도 소용이 없었습니다. 투덜거리는 것은 멈추지 않았고 여기서 걱정, 저기서 걱정

하루에도 몇 번씩 푸념하는 것을 보고 있자니 제가 답답해서 방을 바로 나와버렸죠

그러고는 제가 기업과 동행할 수 있는 단체대화방을 만들었고 현재는 10분 정도와 기업 동행을 하고 있습니다. 기업에 대한 뉴스와 최신소식들을 공유하고 현재 실적과 미래에 대해 토의하고 제품 사용 후기라든지 그런 것들을 공유하고 서로 기업 자료와 소식들을 공유해주십니다. 각자 모르던 것을 더 폭넓게 이해할 수도 있고 기업에 대해 다양한 시각으로 바라볼 수 있는 열린 공간의 역할을 단체대화방이 하는 것 같습니다.

기업투자라는 것이…. 특히나 같은 기업을 투자하는 사람들이 모인 공간은 서로 정보의 교류와 논의, 토의하는 곳이지 주가의 오르내림에 감정을 하소연하는 곳이 아니기 때문에 괜히 모여서 감정 소모를 하고 있다면 단체방은 안 하는 게 좋습니다.

제가 지켜보니 사람들의 심리 패턴은 늘 똑같습니다. 주가가 하락하면 푸념, 주가가 횡보해도 푸념, 주가가 상승해도 더 살걸, 그때 팔걸, 더 있다가 팔걸. 푸념, 보통의 사람들은 주가가 상승하든, 하락하든, 횡보하든 늘 끊임없이 푸념합니다. 그게 보편적인 인간의 원시 본능입니다. 어쩔 수 없이 그렇게 생각과 신경이 쏠립니다. 저 또한 마찬가지이겠지요. 예외는 없습니다.

제가 생각하는 상승, 하락, 수익, 손실, 횡보 5가지의 상황에서 투자자가 가지는 이상적인 포지션에 대하여 끄적여 보겠습니다.

①상승

주가가 상승의 상황에서 잘못된 포지션은 달리는 기차에 따라서 올라타다가 미스터 시장에 혼나는 것입니다. 그리고 좀 더 있다 팔걸, 그냥 다 팔걸. 이런 마음의 소리가 나올 때입니다. 만약에 저런 상황들을 경험하게 되면 반면교사 삼아서 다음부터는 그런 상황에 놓이지 않도록 최대한 계획 세우고 미리 방지하도록 노력하시면 될 것 같습니다.

주가의 상승 시 굿 반응이 나타나야 합니다. 첫 번째로는 내 자산이 커져서 굿이라는 마음과 또 다른 시각으로는 매집 목표로 한 물량(수량)을 못 모았다면 아쉬워해야 합니다.

②하락

주가 하락의 상황에서 잘못된 포지션은 공포와 공황에 빠져서 실행하는 손절매와 기업에 대한 믿음의 상실, 메일 받는 스트레스와 정신적인 고통과 더불어 혼란스러움을 느끼는 것입니다. 마찬가지로 하락 시 굿 반응이 나타나야 합니다. 첫 번째로 같은 돈으로 싸게 더 많은 수량을 줍줍할 수 있어 굿이라는 마음이 들어야 할 것입니다.

애초에 손절매할 기업은 절대로 투자해서는 아니 되며, 기업 투자를 시작할 때 주가의 일정부분 하락을 예상하고 진입해야 하며 하락 시에도 목표 수량까지 계속 사모아 갈 그런 상황에 놓은 기업들만을 선별하여 투자해야 할 것입니다.

안전마진이 있는 시점에 그것을 밑바탕으로 깔고 진입을 해야 하며 그런데도 마이너스 30~50%까지 하락의 상황을 머릿속에 그리셔야 합니다. 시장의 단기적인 변동성은 아무도 알 수 없기 때문입니다.

③수익

계좌의 빨간색, 수익의 상황에서의 잘못된 포지션도 있습니다. 기다림의 시간은 길었으나 수익이 났을 때 몇 프로 떼먹기 라던지 얼마 수확하지 못하고 바로 팔아버리는 경우와 팔아버린 후에 하늘 높이 날아가는 주가를 보고 마음 아파하는 경우입니다.

후회하지 않는다면 그냥 그대로 하면 될 테지만 그게 아니라면 수익은 길게 가져가는 것이 좋으며 확정 수익을 원할 시에는 본대 물량 50~80%나 계속 들고 갈 물량 10~50% 등 본인의 선택에 따라서 정해놓고 주가가 상승함에 따라 계속 가져가려고 생각한 물량을 제외하고 나머지 물량을 서서히 분할로 매도하면 됩니다.

④손실

계좌의 파란색, 지속적인 하락으로 손절매와 정신적인 스트레스 등을 겪게 되며 주가의 하락과 동일선상의 포지션입니다. 애초에 주가 하락한다고 손절매할 기업의 지분을 매수해서는 안 되며 훗날 탈출하기 위하여 손실 중일 때 계속 사 모으는 행위는 옳지 못합니다. 싸게 줍기를 위해 사 모으는 포지션은 좋습니다.

⑤횡보

평온하고 고요한 상태가 지속되는 그 상황을 보통은 견디지를 못합니다. 재미없고 지루하고 심심하기 때문입니다. 짜릿하게 단기간에 주가가 위로 솟구치는 자극을 원하는 데 전혀 반대의 상황이니 말입니다. 하지만 횡보가 기회이고 승승장구와 동네 부자로의 길로 가는 비법 중 하나이며 지름길입니다. 횡보와 하락은 싸게 수량을 원하는 목표량만큼 혹은 근접하게 매집할 기회입니다.

투자자는 주가가 상승하든, 하락하든, 횡보하든 언제나 굿 굿 행복한 포지션에 있어야 하며 즐거운 투자를 해야 합니다. 상승하면 내 자산이 증가하니 좋고, 하락하면 싸게 더 많은 양을 주워 담을 수 있어서 좋고, 횡보하면 충분히 내가 물량을 모을 수 있는 시간이 있어서 좋습니다. 급등, 테마, 단타로 원시 본능에 쫓기지만 않는다면 모든 상황이 나에게 좋은 기회입니다.

즉 올바른 마인드를 갖추고 正道를 가야 합니다. 오르락내리락 주가의 변동성에 멘탈이 흔들리시면 안 되고 그 변동성을 이용할 줄 아는 현명한 투자자 중 한 명이 되면 금상첨화입니다.

-바보 농부-

소비와 저축의 균형

소비	**필요해서**
	망가져서, 고장 나서
	더 좋은 것이 있어서
	아무 이유 없이

EBS 다큐프라임의 소비는 감정이다. 편에서 일반적으로 소비를 하는 이유를 4가지로 설명을 해주었습니다. 필요하거나, 고장, 더 좋은 거, 아무 이유 없이 4가지가 있는데요. 더 좋은 것이 있어서 소비하는 것은 그나마 괜찮은데 아무 이유 없이 이게 위험한 것으로 보입니다.

왜냐하면 아무 이유 없이 여기에는 많은 것이 함축되어 있기 때문입니다. 기분이 우울해서 소비로 풀려고, 멋지게 있어 보이려고 등등 바닥이 구멍 난 장독대에 아무리 물을 퍼다 날라도 장독대에 물을 가득 채울 수 없는 것처럼 무분별한 소비는 장기적으로 생산적이지 못합니다.

더 좋은 것이 있어서 구매하는 것은 삶의 행복과 만족도를 위해서 꼭 필요한 소비이기 때문에 적절한 소비는 언제나 굿이지만 무분별한 소비는 평범한 직장인으로는 과한 처사인 듯합니다.

매월 수입으로 들어오는 것은 한정되어 있으므로 합리적으로 계획 짜서 소비하지 않는다면 저축과 투자는 엄두도 못 내고 생산성 있는 자산을 소유하지 못하거나 많이 모으지 못하기에 장기적으로 보았을 때 큰 기회비용의 손실입니다. 적절한 소비와 적절한 모으기가 병행되어야 할 것입니다.

바보도 투자를 시작한 이후로 소비보다는 증권계좌의 적립을 최우선으로 두고 실천해오고 있습니다만 쥐어짜듯 아끼지는 않습니다. 먹고 싶은 거 있으면 먹고 결제하고 싶은 거 있으면 하고 거침없이 해왔으나 다른 게 있다면 불필요한 것에 소비하지 않고 종잣돈의 크기를 키우는 데 집중했습니다.

2018년 12월부터 33살 겨울부터 시작하여 현재에 이르기까지 8,000만 원 정도를 모았는데 그중에서 어머니의 적립금이 2,110만 원입니다. 지금의 나이가 36인데 45살, 50살, 60살까지 지속해서 적립식으로 10만 원이든, 20만 원이든 50만 원이 100만 원이든 꾸준하게 좋은 배당 우상향의 성장하는 기업의 지분을 사 모으는 작업을 끊임없이 할 것입니다.

소비, 저축(기업지분 모으기, 예금 등) 두 가지의 갈림길에서 어느 쪽으로 더 치우쳐서 삶을 살아가느냐에 따라서 장기적으로 미래에 끼치는 영향은 매우 다릅니다. 제일 이상적인 것은 적절한 소비와 적절한 저축입니다. 특히 이제 사회생활을 시작하는 젊은 청년과 아직 퇴직까지 제법 남은 중년층에게는 무궁무진한 기회로 연결될 수가 있습니다.

소비하는 일은 쉽고 간단하며 달콤한 행복감, 만족감 등 스트레스가 풀리기도 하며 자존감의 회복되기도 합니다. 실행과 동시에 빠르게 결과의 피드백이 즉시 체감되며 즐겁고 재미나는 부분이 있기도 합니다. 반대로 저축은 지루하고 따분합니다. 한 달에 얼마씩 차곡차곡 쌓는 작업인데 목표로 하는 그 수준까지에 혹은 일정 수준에 도달하기까지 시간이 많이 소비되고 그 과정에서의 인내는 가시방석일 겁니다.

결국은 소비를 더 많이 함으로써 즐거움을 느낄 것이냐 아니면 저축을 더 많이 하여 차곡차곡 쌓는 즐거움을 느낄 것이냐 두 갈래로 나뉘는데 선택에 따라서 세상에 많은 것 중에서 해결해야 할 문제 중의 하나인 돈으로부터의 자유에 늦게 도착하느냐 아니면 조금 더 일찍 도착하느냐가 정해질 것입니다.

도착하는 시간의 차이이기 때문에 너무 저축에 애쓰면서 모든 것을 쏟아부을 필요는 없다고 생각하고 그저 적절한 소비와 적절한 저축의 균형을 현명하게 계획 짜서 실천으로 옮기면 될 것 같습니다.

다만 자산의 증감을 위해 복리를 취할 때 차곡차곡 쌓아서 만든 종잣돈의 크기와 부피가 시간을 더욱더 앞당길 수 있으므로 더욱 빠르게 목표를 이루고 싶으시다면 반드시 그에 따른 노력과 희생, 인내가 필요합니다.

다 쓰고 남은 걸 저축하는 게 아니라
저축 후 남은 것을 사용하라
-워런 버핏-

매日, 매주, 매月, 매年 부를 쌓아간다.

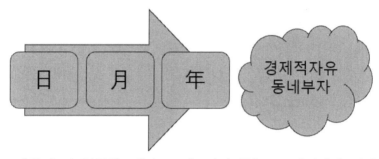

잘못된 방법(급등, 테마, 고점, 단타 등)으로 단기간의 대박을 꿈꾸지 마시길 바랍니다. 공든 탑이 무너지지 않는 법이지요. 대박을 꿈꾸시려면 그만큼 공부하시고 경험 쌓고 남들보다 더 노력하고 인내하셔야 하며 갖추어야 할 소양들이 많습니다.

하지만 평범한 분들은 그런 것들을 갖추기는 힘든 현실이고 그 가능성은 희박하며 특출난 소수만이 가능하기에 불가능하다고 감히 계속 말씀드리고 있습니다. 늘 正道만을 생각하고 따라가기에도 갈 길이 구만리인데 이상한 쪽으로 한눈을 팔면 목적지까지의 도착시간은 계속해서 지연되고 시간과 돈과 정신력만 낭비할 것입니다.

매월 받는 급여에서 조금씩 떼어내서 배당 우상향의 주주환원 잘해주는 좋은 중소형, 대형기업을 골고루 사 모으기를 퇴직까지 현금흐름이 지속되는 한 꾸준하게 기계적으로 기업의 지분을 모음과 동시에 자본소득의 크기를 늘려나가면 될 것 같습니다.

한 달에 금액을 정해놓고 기업의 지분을 매일 조금씩 사든지, 매주 조금씩 사든지, 매월 한 번에 사든지 유연하게 상황에 맞게 기업을 공부 후 사 모으면 되는데 주가가 하락한다는 이유로 손절매할 기업은 애초에 투자하면 안 되겠지요. 국내든 해외든 좋은 투자처가 많으니 잘 공부하시어 사 모으시면 됩니다.

오늘 기업의 지분을 하나 더 사게 되면 어제보다는 나의 생산성 자산이 늘어나게 됩니다. 저번 주, 저번 달보다 수량과 배당소득의 크기는 더 늘어나겠지요. 한 달, 석 달, 여섯 달, 1년, 3년, 5년, 7년, 10년 등 차곡차곡 쌓아갈수록, 세월이 지날수록 과거보다 현재의 나와 미래의 나는 계속하여 부를 쌓아가는 것입니다.

正道+투입자금의 크기+시간과 복리, 그 여정의 끝에는 모든 이가 바라는 경제적 자유가 기다리고 있습니다. 전 국민이 올바르게 제대로 시작하면 한 명의 낙오도 없이 모두가 경제적 자유로 도달이 가능합니다. 판단과 선택, 그에 따른 결과의 책임은 모두 각자의 몫이지만 바보는 제가 확신하는 그 길을 소개합니다. 알아도 못하는 경우가 있지만, 몰라서 못 하는 예는 없어야 하기 때문입니다.

매출과 이익, 배당이 우상향하는…. 과거에도, 지금도, 미래에도 그러할 것들을 공부하셔서 꾸준히 사 모으시기를 바랍니다. 아래의 그림처럼 대충 4가지의 기울기로 매출, 이익, 배당의 우상향이 성장하는 기업들이 국내와 국외에 있으니 공부 후 적절히 집중, 적절히 분산으로 현명하게 사 모으면 될듯합니다.

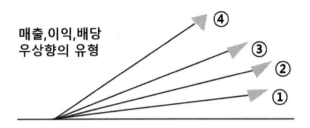

매출,이익,배당
우상향의 유형

우리는 대략 100년이라는 유한한 인생을 살아갑니다. 보통 20~30살부터 60살까지 일한다고 가정했을 때 30~40년간 근로소득을 벌어들일 수 있는 시간이 있습니다. 지극히 평범한 직장인은 그 시간을 잘 활용 해야 하며 차곡차곡 쌓아나가야 합니다.

굴리는 돈과 적립하는 돈의 크기와 개인의 노력, 시기(때), 운에 따라서 목표지점까지의 시간을 앞당기던지, 조금 늦던지, 제시간에 도착하든지 결정이 납니다. 변하지 않는 사실은 누구나가 경제적 자유까지 실패 없이 도착한다는 점에 있습니다.

나는 어제보다 가난한 적이 없었다. 그래서 확신한다.
내일은 오늘보다 더 부자일 것이라고
-JCTV-

티끌은 티끌, 티끌 모아 태산

"**티끌**"은 티와 먼지를 통틀어 이르는 말이며 몹시 작거나 적음을 이르는 말이라고 국어사전에 등재되어 있습니다. 이와 반대로 "**태산**"은 높고 큰 산, 크고 많음을 비유적으로 이르는 말입니다. 흔히 푼돈, 쌈짓돈을 티끌이라 표현하는데 동전, 천원, 몇천 원의 금액을 의미한다고 볼 수가 있습니다.

티끌은 말 그대로 티끌입니다만 어떻게 이해하고 활용하느냐에 따라서 가벼운 티끌로 남을 수도 있지만 거대한 태산을 쌓는 데 큰 도움이 될 수도 있습니다. 요즘 천원으로도 기업의 지분을 조각으로 살 수 있고 몇천 원으로 부동산 리츠 지분도 사 모을 수가 있습니다. 만 원 미만으로 얼마든지 여러 좋은 생산성 있는 지분을 모아갈 수 있는데요

내가 목표로 가는 그 방향성에 불씨를 지펴주는 것이 티끌인데요. 티끌 모아 태산으로의 길을 가야 하는데 보통은 티끌은 티끌에서 머무르는 경우가 많습니다. 가령 동전, 몇천 원으로 소액투자를 하기는 하는데 말 그대로 그것만 하는 경우입니다. 흥청망청 쓸 거는 막 쓰면서 자투리 돈으로 투자하고 있으니 심리적으로 안정을 취하고 있는 경우를 예시로 들 수 있겠습니

다.

결국은 적절히 소비, 적절히 저축(투자)하며 거기에 덧붙여서 자투리, 푼돈으로 저축(투자)에 그 방향성에 힘을 실어주는 것이 가장 이상적인 방법이 될 것으로 보입니다. 티끌은 티끌…. 변하지 않는 사실입니다만 그 티끌이 모이고 모이면 태산이 되는 데 큰 도움이 됩니다.

최근에 알게 되었는데 어릴 적부터 듣던 유명한 사자성어인 티끌 모아 태산은 공자의 말이었더군요. 옛 현인의 말에 현대인들도 관심을 가지고 그 가르침을 가슴에 깊이 새겨야 할 이유는 여기에 있으며 너무나 명백합니다. 시대를 뛰어넘어 인생과 투자에 적용이 가능한 좋은 말들이 많기 때문입니다.

십시일반 / 티끌 모아 태산 / 가랑비에 옷 젖는다
시작은 미미하나 그 끝은 창대하다.

다들 "십시일반", "티끌 모아 태산"은 아시는 사자성어이지요. 둘 다 작은 것들이 모이고 모여 크게 된다는 뜻이 있는데 2021년 4월에 뉴스에 암 투병으로 학교를 떠나는 미화원분을 위해 390명의 학생이 십시일반으로 모금을 하여 2,220만 원을 모아 전달해드렸다고 합니다.

작은 것들이 횟수&빈도와 시간이 늘어남에 따라 비례하여 엄청난 결과물을 도출해냅니다. 예를 들어 평범한 직장인이 한 달에 순수 용돈으로 30만 원~50만 원을 쓴다고 가정해봅시다.

거기에서 10만 원~20만 원을 아껴서 투자에 쓴다고 하면 인생의 많은 것들이 바뀌게 됩니다.

10만 원씩 1년이면 120만 원, 15만 원씩 1년이면 180만 원, 20만 원씩 1년이면 240만 원의 투자금이 마련됩니다. 자 여기에다가 순수 용돈 말고 다른 곳에서도 티끌을 보태면 1년 투자금은 더 어마어마하겠죠?

"10만 원" 3년 360만 원, 5년 600만 원, 7년 840만 원, 10년 1,200만 원입니다. "15만 원" 3년 540만 원, 5년 900만 원, 7년 1,260만 원, 10년 1,800만 원입니다. "20만 원" 3년 720만 원, 5년 1,200만 원, 7년 1,680만 원, 10년 2,400만 원입니다.

괜히 커피 좀 덜 사 먹고 담배 좀 줄이라는 게 아닙니다. 커피 한잔이 4,000~5,000원 정도라 가정하고 하루에 3잔 사 마실 시 커피값이 12,000원~15,000원입니다. 한 달이면 36만 원~45만 원입니다.

12,000원~15,000원이면 몇천 원짜리 배당 우상향 기업 2~3개를 살 수 있고 1만 원대의 배당 우상향 기업 1개를 살 수 있는 금액입니다. 위에 언급 드린 대로 1년, 3년, 5년, 7년, 10년이 지날수록 어마어마한 종잣돈이 되어버리네요.

황금알을 낳는 거위처럼 차곡차곡 사 모으는 배당 우상향의 기업 지분들이 배당에 배당을 낳아 복리로 시간이 비례하여 새끼를 낳고 또 새끼를 낳으며 티끌과 곱하기로 굴러간다면 협업으로 훗날 큰 기쁨의 자본소득 구축과 자산의 증감을 투자자에게 선물로 보답할 것입니다.

커피값 하루 3잔에 15,000원 한 달 45만 원, 1년 540만 원, 3년 1,620만 원, 5년 2,700만 원, 7년 3,780만 원, 10년 5,400만 원입니다. 커피 한 잔만 줄여도 한 달에 15만 원 절약되네요. 1년이면 180만 원, 10년이면 1,800만 원이네요.

이처럼 약간의 작은 노력이 나비효과를 불러일으켜 나의 미래에 든든한 조력자 역할을 합니다. 티끌이 상황에 따라서 티끌이 아니게 되는 것입니다. 처마에서 떨어지는 낙숫물이 세월을 만나면 바위를 뚫습니다.

산을 움직이려 하는 자는
작은 돌을 들어내는 일로 시작한다.
(티끌 모아 태산 / 천릿길도 한 걸음부터)
-공자-

가난, 부자되는 철학

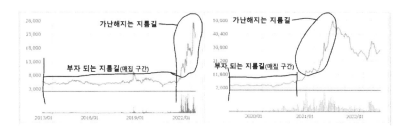

이것은 차곡차곡 본인의 자리와 위치에서 묵묵하게 쌓아갈 때 어떠한 것을 얻을 수 있고 무궁무진한 기회와 퀀텀 점프의 예시를 보여주는 그림입니다. 실패할 수 없는 몇가지 올바른 백전백승 전법 중의 하나인데요. 급등, 테마, 고점 등으로 원시 본능에 휘둘려서 뇌동매매하지 않아야 가능한 전법입니다.

물론 모~든 투자의 방법에 있어서 원시 본능의 억제와 자기 자신의 통제, 굿 마인드와 철학, 원칙, 경험, 투자 본질의 이해 등은 필수적인 요소로 작용을 하는데 그 능력이 제대로 갖추어 지고 실천할 수 있는 사람에게는 이 방법은 너무나 쉽게 부를 이루는 즉 게임머니처럼 돈의 복사가 가능합니다.

가장 크게 먹는 것은 배당의 우상향으로 차곡차곡 쌓아가면 서 훗날 덤으로 시세차익으로도 왕창 먹으며 몇 년마다 돈 복 사(퀀텀 점프)를 하는 방법입니다. 그 최선의 지름길의 전략을 저는 택해서 계획 짜서 투자하고 있습니다.

후에 언급할 것이지만 간단하게 투자의 유형에는 ①평생 모으며 배당 복리 우상향하며 자본소득의 크기를 늘리며 죽을 때까지 가지고 가다가 죽으면 자녀에게 대물림해 줄 것이 있고, ②저평가 때 매집 후 급등 및 제 가치를 회복하면 일부 정리하거나, 전부 정리하거나, 더 장기로 들고 가거나 할 게 있고, ③ 저평가의 이제 막 성장하는 기업과 장기동행으로 그 기업의 성장성이 꺾이거나, 경쟁자가 나타나서 돈을 못 벌게 될 때까지 오랜 동행으로 그 성장의 과실을 온전히 같이 누리는 것, ④ ①~③번을 혼합해서 하는 방법이 있습니다.

일단 급등, 테마, 고점 등으로 바람 앞의 등불처럼, 바람에 흔들리는 갈대처럼 포지션을 취한다면은 가난해지는 지름길로 들어서는 것입니다. 투자자 대부분이 매매자의 마인드로 뛰어들어 이런 늪에 빠져 헤어나오질 못하고 있습니다.

바보의 현재 총 매집한 금액은 8,000만 원 정도입니다. 집중투자로 현재 1개의 기업을 사 모으고 동행하고 있습니다. 2018년 12월에 기업을 발굴하고 현재 43개월(3년 7개월) 동안 매달 수량을 차곡차곡 모아왔습니다. 앞으로도 계속해서 매달 10~100만 원씩 꾸준하게 기업의 지분을 매집할 것인데 지금으로부터 8년 뒤인 2030년 1월 2일의 바보의 목표 순자산은 복리로 5억~10억을 생각하고 있습니다.

배당 우상향의 현재는 구멍가게 수준의 성장하는 저평가 기업인데 제가 2018년 12월부터 모으기 시작했는데 그때는 시가총액이 470~490억으로 시총이 주가가 오르락내리락하며 머무르고 있었습니다. 현재는 시가총액이 800억대입니다. 기업은 매출, 이익, 배당이 차곡차곡 매년 잘 성장하고 있습니다.

저는 이 기업의 지금 현재가 아니라 3년 뒤, 5년 뒤, 7년 뒤, 10년 뒤의 미래에 기업이 벌어들일 이익과 배당, 그에 따른 기업의 가치와 위치를 생각하고 투자하고 있어서 하루하루의 주가의 오르내림으로 인한 변동성은 저에게 아무런 고통과 자극을 주지 못합니다.

오히려 저는 재밌고 주가의 하락은 수량을 싸게 매집할 기회로 인식하고 즐겁게 매달 모으며 기업을 추적 관찰하면서 투자 기록을 남기고 미래에 대한 희망을 품고 삶을 활동적으로 살고 있습니다. 현재 지금 이 단락의 글을 쓰고 있는 시점인 2022년 6월 8일에 기업의 주가는 2,400원대입니다. 주가 3,000원 밑으로는 지속해서 계속 매집하며 수량을 모아갈 생각을 하고 있습니다.

뒤에도 자세히 다룰 내용이지만 부의 추월차선을 타며 단시간에 최대의 효과를 얻는 가장 빠른 길은 성장하는 좋은 배당 우상향의 저평가 중소형 기업(작지만 강한 기업)이 구멍가게의 크기에서 중간상점, 대형상점, 백화점까지 즉 성장이 정체될 때까지 장기적으로 동행하며 그 기업의 성과의 과실을 주주로서 같이 공유해가는 것입니다. 즉 잘 차려진 기업이라는 진수성찬의 밥상에 저는 숟가락만 챙겨와서 앉으면 같이 맛있는 식사가 가능합니다.

몇 년 만에 한 번씩 놀랄만한 자산의 퀀텀 점프가 가능하기에 바보는 불확실성과 위험성을 기꺼이 감수하며 안고 가지만 제 나름의 안전마진과 유리 바닥, 원칙, 철학과 경험, 기업추적 관찰 등을 바탕으로 그 위험성을 최소로 하기 위해 노력하고 있습니다. 제가 사업한다는, 동업한다는 마음가짐으로 제 역량 내에서 최선을 다하여 투자에 임하고 있습니다. 모든 것을 감수하고 내린 결정입니다.

2018년 12월부터 사 모았으니 43개월(3년 7개월) 동안 사 모으는 작업을 했고 물량은 충분히 매집했습니다. 8년뒤인 2030년 즈음에는 12,000원(시총 3,000억)~2만 원(시 총 5,000억)까지 성장해 있을 거라 생각이 들기 때문에 기업과 장기동행을 마음먹고 실천 중입니다.

기업이 관심받기 전에, 성장하기 전에, 주가가 급등하기 전, 테마에 엮이기 전에 사 모으며 기다리는 작업은 지루하고 따분하고 재미없고 한숨 나오며 남들과 다른 길을 가기에 비교됩니다. 현재 눈앞에 수익이 나오는 게 아니기 때문입니다 하지만 해마다 차곡차곡 자본의 소득 크기와 기업 지분의 수량이 늘며 자산이 복리로 우상향하며 일정 시간이 지나면 기하급수적으로 뻥튀기됩니다.

주가 오르내림에 관계없이 평생 사 모으며 배당 복리 할 성향의 기업을 모으기도 하고, 시세차익도 내면서 실패 없이 지지 않는 투자를 위해 부자 되는 지름길의 구간에서 매집하는 예도 있습니다.

간단하게 정리해서 종류를 언급하면

①평생 복리로 배당 우상향하며 죽을 때까지 들고 갈 기업

②저평가&관심 無 사 모아서 제 가치&급등 시 정리할 기업

③성장하는 기업과 동행하며 성장 정체될 때까지 동행

④①~③을 적절히 혼합

솔직히 투자는 너무 간단하고 쉽습니다.

사서 모으며 목표 수량까지 계획대로 매집하고

기다리며 복리로 우상향하면 됩니다.

투자가 어려운 이유는 마음을 다스리지 못하기 때문입니다.

-바보 농부-

투자란 몇 군데 훌륭한 회사를 찾아내어

그저 궁둥이를 붙이고 눌러앉는 것이다.

대중을 따라 하는 것은 평균으로 후퇴하겠다는 말이다.

-찰리 멍거-

시세의 원리, 세상의 흐름

다들 간과하는 것이 있는데 그것은 세상의 **"이치"**와 **"순리"**, **"진리"**입니다. 순리는 순조로운 이치, 도리에 순종함, 자연의 질서라고 사전적인 의미로 적혀있습니다. 봄~겨울이 바뀌는 것과 인생의 생로병사가 순서 있게 진행되는 것을 예시로 들고 있네요.

진리는 참된 이치. 참된 도리, 명제가 사실에 정확하게 들어맞음. 또는 논리의 법칙에 모순되지 아니하는 바른 판단. 언제 어디서나 누구든지 승인할 수 있는 보편적인 법칙이나 사실이라고 사전적인 정의가 되어있습니다.

이치는 사물의 정당하고 당연한 조리, 도리에 맞는 취지라고 정해져 있는데 사전적인 정의는 어려워서 마땅히 그리되어야 할 자연스러운 흐름이라고 이해하면 더욱 편할듯합니다. 물이 높은 곳에서 낮은 곳으로 흐르듯 아주 당연한 일들, 당연하게 일어나는 일들이 이치입니다. 진리 또한 비슷하다 보시면 되겠습니다.

순리, 이치, 진리 등 인생사와 투자 그리고 세상 모든 것들이 철학적인 큰 틀 안에 있습니다. 무슨 말인지 어렵고 구별도 안 되고 그럴 것입니다. 바보 또한 마찬가지로 어렵고 아는 것이 없지만 바보는 어릴 적부터 많이 생각해오고 있던 화두였고 대충 그것들을 인지하고 있었습니다.

자연스럽게 대충 알게 된 계기는 옛글 읽기를 통해서입니다. 사자성어, 속담, 탈무드, 명심보감, 위인전, 전래동화 그 속에 모든 것이 다 함축되어 들어있습니다. 어릴 적에 바보는 이런 책들에 많은 흥미를 느꼈는데요. 특히나 탈무드와 명심보감의 내용의 사례들을 무척 좋아했고 최근에는 논어, 주역이라는 책에 흥미가 생겨서 사서 볼 계획에 있습니다.

이 책들을 통하여 옛 현인들과 조상들의 경험과 삶을 토대로 투자에 필요한 철학, 인문학, 논리, 이성, 상식, 마인드, 인내뿐만 아니라 삶에 필요한 가치인 의리, 행복, 사랑, 우애, 가치관, 신의, 끈기, 긍정, 노력, 포용, 베풂과 나눔 등의 덕목들을 자연스레 배울 수 있게 됩니다. 이 책들 속 내용의 가치를 아는 사람에게는 마음의 그릇을 키우고 마음을 수련할 수 있는 아주 좋은 책들입니다.

서두가 길었는데 드리고 싶은 말은 무엇이냐 하면 세상 모든 것이 순리, 이치, 진리대로 흘러갑니다. 인생도 마찬가지이며 투자도 같습니다. 이 사실을 바탕으로 바보는 2018년 12월부터 투자를 시작하면서 2019년 1월부터 2021년도까지 2년 정도 심도 있게 시장을 관찰하고 기업들을 추적 관찰하며 확신을 하게 됩니다.

지금은 대충하고 있지만 그 당시 바보만의 기준과 원칙으로 일주일에 저평가&관심 無 1~2개 정도의 기업을 발굴하여 추적관찰, 팔로우하며 그 흐름을 직접 확인했습니다. 대략 160개 정도의 기업입니다. 3년 7개월이 지난 지금 결과는 아주 놀라웠습니다. 단 1개의 실패도 없이 그때 그 시점 대비하여 주가는 도약하였고 백전백승의 개인적인 경험을 쌓을 수 있었습니다.

시간의 차이입니다. 일주일 만에 튀어 오를 수도 있고, 한 달, 6개월, 1년, 2년, 3년, 5년, 7년 등 세월이 걸릴 수 있다 뿐이지 모든 저평가의 좋은 기업들은 100% 제자리 찾아가거나 그 이상으로 훨씬 더 높게 치솟는다는 것을 바보의 경험으로 확인하였고 투자를 하면서 개인적인 의심과 물음들은 확신으로 바뀌었습니다.

시장에서 관심 있는 섹터는 돌고 돌며 무한 반복합니다. 급등, 테마, 고점에 불나방처럼 달려드는 인류가 멸망하지 않는 한 지속되는 원시 본능에 의하여 바른 마음가짐으로 올바르게 하는 사람들은 투자에서 실패를 손실을 볼 수가 없는 구조입니다.

이를 바탕으로 백전백승의 전법들이 다양하게 있습니다. 이미 국내, 국외의 많은 투자 현인들이 그 방법들을 책으로, 말씀으로, 영상으로 다 남겨 놓으셨는데 아무도 관심이 없으셔서 그렇습니다. 중요한 것은 그 가르침대로 따르는 실천입니다.

다들 지름길을 원하고 다른 더 빠른 방법이 없나 험난하고 고된 길을 살피는데 교과서적인 길이 있으므로 기초적이면서도 당연한 그 말씀대로 정석으로 차근차근 계단식으로 올라가시면 될듯합니다.

다들 산 정상에 가기 위해 절벽이나 가파른 길로 최단기간에 도착하려고 무던하게 애를 씁니다. 그러면 그만큼 힘듦과 위험성은 비례하며 증가하고 상처와 좌절이 되어 돌아오기 쉽습니다. 좀 더 시간이 걸리더라도 둘레길부터 찬찬히 혹은 많은 이들이 오가며 만들어진 보편적인 그 길대로 산 정상에 가는 것이 가장 안전하면서도 확실하게 정해진 시간에 실패 없이 100% 정상에 도착할 수 있을 것입니다.

원시 본능에 의하여 움직이는 대부분 대중을 따라가면 안 되고 본인의 확고한 원칙과 철학, 가치관을 바탕으로 자신만의 투자 방법으로 이 험난한 투자의 세계에서 각자의 세이프존을 구축하고 승승장구해야 합니다.

"시장은 투자자를 부자로 만들어주고 투기꾼은 거지로 만들어줍니다"라는 글귀를 어느 블로거에서 본적이 있습니다. 백번 맞는 말입니다. 급등, 테마, 고점 기업 등을 따라가지 마시고 앞으로 그렇게 될 것들의 기업을 공부하고 연구하셔서 미리 담아놓으시고 때를 기다려야 합니다.

그렇게 하기 싫으시다면 주가가 오르든 내리든 매달 계속 사 모아가며 배당 우상향하며 평생 쥐고 갈 것들을 하나씩 편입하여 포트폴리오를 꾸리는 작업을 평생에 걸쳐서 반복하시면 되는 아주 간단하게 확실하게 100% 무조건~안전하게 산 정상에 가는 방법이지요.

그 어떠한 방법이든 필요한 제1의 덕목은 바로 **"마음"**입니다. 마음이라는 그 단어 안에 많은 것들이 내포되어있습니다. 끈기, 열정, 인내, 노력, 확신, 긍정, 의지 등이 그러한 것들이지요.

[투자 is Simple]

1. 산다, 모은다 ▶ 배당 복리로 굴린다.

2. 산다, 모은다 ▶ 기다린다 ▶ 판다.

3. 1+2번 혼합

正道와 실천 + 인내

-바보 농부-

기업지분은 보유하는 것

기업투자는 기업과의 동행입니다. 기업과 성과를 공유하며 삶을 영위해나가면 자연스레 부자가 됩니다. 존 리 님, 박영옥 님 등 여러 가치투자자와 국내 및 국외 투자 현인들은 각자 다른 말을 하지만 그 뜻은 귀결됩니다. 올바르게 正道와 실천 하자입니다.

주식은 모으는 것이니까. 사고파는 게 아니고 계속 모으는 건데 주가가 무슨 의미인가? 기업투자는 마라톤이다. 서울에서 출발해 차근차근 부산을 향해 나아가는 여정이다.
그런데 대부분 투자자가 100m 달리기하듯 기업투자를 한다. 그런 이들은 내게 와서 삼성전자 주식 사서 20%나 올랐다고 한다. 수백만 원 벌었다는 것이다. 잠깐 기분은 좋겠지. 하지만 그걸로 경제적 자유를 얻을 수 있나?
-존 리-

차트의 주름을 펴서 먹을 자신이 없다면 가만히 있는 것이 제일 낫다고 말씀하신 마편배의 나만OOOOO님이 말도 생각이 나는데요. 바보가 저 말의 깊은 큰 뜻을 올바르게 이해하고 체득한 것은 투자를 시작하고서 1년쯤 뒤인 2019년 말~2020년 초입니다.

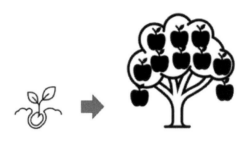

사과나무에 빗대어 보면 묘목을 심고 나서 상품성 있는 과실을 얻으려면 4~5년 정도 지나야 가능하다고 아는 분께 들은 적이 있습니다. 거름 주고 관리해주며 잘 자라게끔 환경을 조성해주고 나면 시간이 지나야 나무가 성장하고 맛있는 과일 열매를 수확할 수가 있습니다.

기업투자도 이와 같은 이치입니다. 하지만 대부분은 실천하지 못합니다. 듣질 않고 신경도 안 쓰는 듯합니다. 눈에 불을 켜고 어디가 최단기간에 빠르게 도달하는 지름길을 찾는 데에만 열중합니다. 이미 해답은 올바른 길을 지나온 투자 선배들이 지속해서 외쳐왔는데 말입니다.

자본주의는 부자 되기 너무 쉽습니다. 적절히 분산, 적절히 집중으로 꾸준히 기업의 지분을 근검절약 후 급여에서 10~30%를 매달 차곡차곡 수량을 모아가며 우표 수집하듯이 모으며 기업 성장 + 배당 복리 우상향으로 그렇게 차곡차곡 부를 증식시키면 됩니다. 내가 투자한 기업이 성장하면서 투자한 기업의 지분의 가치도 계단식으로 점진 증가하며 배당수익과 시세차익의 성과를 얻을 수가 있는 것이죠.

배당이 주, 시세차익이 덤이라고 생각해야 합니다. 주객전도의 상황으로 덤인 시세차익이 배당을 월등히 뛰어넘어 대박을 터트리며 승승장구 가능한 것이 기업투자에서의 대박이라고 할 수가 있겠습니다. 이런 경우는 비일비재합니다. 올바르게 제대로 투자한다면 그런 운을 합리적으로 기대해 볼 수가 있겠지요

로또로 대박을 노리시는 것은 현명하지 못한 처사입니다. 확률이 높고 불확실성이 적은 기업투자로 배당과 시세차익 두 마리의 토끼로 대박을 노리시기 바랍니다. 로또는 99.99%의 손실 확정 게임이며 기부목적으로 하시길 권해드립니다. 복권의 수익금은 불우이웃을 돕는데 쓰이니 기부목적으로 사는 것은 너무나 좋은 일입니다.

직장인 자본가로서 근로 노동자 + 자본가가 되어 자본주의의 시스템을 내 것으로 유리하게 작용하도록 이용하고 활용하여야 하며 평범한 철수, 영희는 투자 없이는 평생 죽기 전까지 일해야 합니다. 그러므로 근로소득을 자본소득으로 바꾸는 작업을 현금흐름이 끊기지 않는 한 계속해주어야 합니다.

올바른 접근 방법으로 수익 내면서 승승장구하는 여러 방법이 있습니다. 사례별 자세한 세부 설명은 **"백전백승 전법"**에서 하겠습니다. 바보가 상식적인 수준에서 대충 나열해보면

[유형]

①계속 골고루 사 모으며 평생 배당 복리 우상향

②저평가 기업 계속 사 모으며 배당 복리 우상향

③적정평가 기업 계속 사 모으며 배당 복리 우상향

④저평가 기업 사 모으고 시세 날 때까지 기다린 후 정리

⑤적정기업 사 모으고 시세 날 때까지 기다린 후 정리

⑥성장하는 저평가 기업과 장기동행

⑦성장하는 적정기업과 장기동행

⑧성장하는 기업 골고루 사 모으며 평생 동행

⑨①~⑧혼합

[사 모을 기업]

①작지만 강한 기업(중소형)

②위대한 기업(대형)

③①~②혼합

[포트폴리오]

①집중투자

②분산투자

③①~②혼합

대충 위와 같은 상황으로 유형과 사 모을 기업, 그리고 방법론, 전략 등으로 나눌 수 있다고 생각하는데 자세한 세부 내용은 뒤에서 설명하고 우선 바보가 가장 빠르게 최단 시간 내에 최소의 자본으로 최대의 효율을 이루어 훗날 성장한 기업과 성과, 이익을 공유하여 부의 추월차선에 올라타기 위해 선택한 방법에 대해 말씀드리겠습니다.

바보가 최대한 빠르게 부의 추월차선에 타기 위해 선택한 방

법과 이 책에서 평범한 직장인분들께 전하고자 하는, 권하는 추월차선 방법은 약간 다릅니다. 그 이유는 바보가 선택한 쪽은 불확실성과 위험성을 어느 정도 더 감내하고 안고 가는 부분이기 때문입니다.

이 책이 전달하는 바는 급여의 10~30% 바보의 추천은 50만 원 정도인데 그것을 눈이 오나 비가 오나 바람이 부나 태풍이 부나 해가 쨍쨍하거나, 가뭄이 들거나 상관없이 우직하게 한길로 기업 공부를 적절하게 해서 적절한 집중, 적절한 분산으로 현금흐름이 끝나는 퇴직까지 배당 우상향의 좋은 중소형, 대형기업을 사 모으시면 되겠습니다.

바보가 선택한 길은 여러 백전백승 전법 중의 하나이면서도 불확실성과 위험성을 더 안고 가는 방법이지만 시간을 앞당기기 위해 결정을 하였습니다. 그것은 집중투자+중소형기업+저평가 성장기업과의 수년간 장기동행입니다. 자산을 어느 정도 이루기 전에는 이것이 최선이라고 판단하여 실천 중입니다.

바보가 이 길을 가는 이유는 중1 14살부터 현재 36살 22년간 명상을 실천 해온 바보이기 때문입니다. 모든 것을 감내할 준비가 되어있습니다. 모든 성공과 실패의 결과에 대하여 받아들일 준비가 되어있으며 근거 없는 자신감 또한 있습니다.

이러나저러나 결국은 기업과의 과실을 같이 얻으며 기업과 가정이 같이 부를 이루는 것이 핵심인데 그 토대가 좋은 기업을 선택하여 장기적으로 함께 가는 것입니다. 박영옥 님이 말씀하신 투자의 5단계(62p) 중에 제일 최상단에 있는 사업가

마인드이지요.

기업과 같이 성장하여야 합니다. 병아리와 새끼돼지, 송아지, 어린 염소 등 나만의 농장에 데리고 와서 먹이 주고 막사 청소 해주고 잘 성장 할 수 있도록 환경을 조성해주고 토실토실 우람하게 건강하게 잘 키워야 합니다.

일정 수준까지 가축(기업)의 덩치가 커지면 그때 다 정리하던, 일부분만 정리하고 나머지는 계속 동행하던지 개인의 판단에 따라서 합리적으로 결정하면 됩니다. 기업의 성장이 정체되거나, 경쟁자가 나타나서 시장 경쟁력이 안 좋아진다든지 성장 및 확장성을 더는 기대할 수 없을 때 즉 성장이 꺾이는 지점까지 동행하는 게 제일 이상적인 동행이 되겠습니다. 단순히 주가가 하락한다고 해서 기업에 대한 믿음이 사라져 손절매하는 것은 어리석은 투자법 중의 하나입니다.

투자는 따분하고 지루하다.

보물이 묻힌 곳
42.195km

투자자로서의 여정은, 正道의 길은 좀 지루하고 따분할 수 있습니다. 시세 창을 계속 볼 필요도 없고 사고파는 타이밍을 잴 필요도 없습니다. 저평가 때 사서 모으거나, 하락하든 상승하든 사 모으거나, 하락할 때만 사 모으거나 필요하다면 고평가 구간이라도 개의치 않고 매달 사 모으는 등 개인이 할 게 많이 없습니다.

적절하게 기업 공부 후 국내와 국외 동행할 기업이나 ETF 등을 선택하고 매일, 매주, 매달 기계적으로 기업의 지분을 모으는 작업을 반복적으로 퇴직까지 병행하면 됩니다. 단순하고 간단하여 8살 아이부터 어르신까지 누구나 손쉽게 할 수 있으며 접근성이 매우 좋습니다.

직·간접적 사업을 위해 기업의 지분을 사 모으며 수량에 따른 지분 취득 과정과 기다리며 동행하는 작업 이 두 개가 여러 정석 투자의 평탄한 길 중 하나인데 그렇기 때문에 투자는 지루하고 따분한 것입니다. 투자의 본질이라는 것은 단순하고 간결하며 심플하거든요.

투자를 통하여 개인의 목표지점까지 가는 그 과정을 육지로는 등산으로 산 정상에 가는 것으로, 해상으로는 배를 타고 가는 것과 대충 비유를 해보면 육지는 끊임없이 반복적으로 한 발씩 앞으로 내밀며 걸어야 합니다. 바다 역시 노를 젓는 배라면 끊임없이 반복적으로 노를 저어야 하며 모터 달린 배라도 망망대해의 같은 경치를 계속 봐야 하는 운명에 놓이게 됩니다.

원래 정석대로, 바른 생활하기, 규칙적인 생활하기 등의 평탄하고 잔잔한 길은 재미가 없지요. 투자의 길 위에서 재미와 흥미를 느끼시는 것은 다른 곳에 있다고 생각합니다.

①자본소득이 증가하는 맛

②기업지분 수량을 모아 가는 맛

③기업이 성장하는 과정을 지켜보는 맛

④기업을 분기, 년으로 추적 관찰하는 맛

⑤생산성 있는 자산이 점진적으로 증가하는 맛

⑥투자하는 기업의 제품&서비스 사용해보는 맛

⑦투자자로 한 계단씩 성장하는 것을 체감하는 맛

⑧계획대로 포트폴리오 짜고 내 자산을 운용하는 맛

⑨타 블로거, 카페 등 다른 분들의 글들로 공부하는 맛

⑩사업보고서,.뉴스, 홈피, 리포트, 유튜브 등 공부하는 맛

각자 재미와 흥미를 느끼는 부분이 다를 것이라 생각이 들고 그것들을 개인이 찾아서 본인에게 맞는 방법으로 우직하게 투자자로의 긴 여정을 묵묵히 실천해 나가면 될 것입니다. **"꾸준한 실천"**이 아주 간단하고 쉽고 누구나 할 수 있는 것이지만 아무나 하지 못하는 것이기도 합니다.

바보는 동네에 지하철에서 2021년도에 큰 깨달음의 글을 보았습니다. 그것은 실천에 관한 내용입니다. 재미없지만 목표를 향해서 꾸준하게 실천하며 정진하셔야 합니다.

[실천]

당나라 시인 백낙천이 물었습니다.

"어떻게 수행해야 합니까?"

조과 선사가 대답했습니다.

"나쁜 짓 하지 말고 선행을 하여라"

"그런 것쯤이야 세 살 먹은 아이도 아는 말입니다."

이에 조과 선사가 말했습니다.

"세 살 먹은 아이도 쉽게 알 수 있으나,

백 살 먹은 노인도 실천하기는 어렵다."

글·전등록 중에서

배당은 절대로 거짓말하지 않는다.

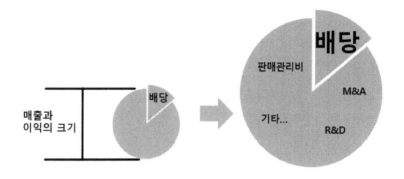

2019년 3월~5월 즈음에 우연히 "마편배"라는 단체대화방에 참여하게 됩니다. 2018년 12월에 투자를 시작했으니 그 당시 3~5개월의 투자 입문자였는데요. 철학과 원칙, 가치관이 형성되어야 할 귀중한 시기에 운이 좋게 600~700명 정도(지금은 1,230명 정도 계심)의 산전수전 겪은 마편배의 투자 선배이자 현인분들이 있으셨습니다.

그분들의 말씀을 경청하였고 일주일에 1개씩은 꼭 배우고, 깨닫는 것들이 생겼습니다. 그냥 그분들의 하루 대화 글을 눈으로 읽는 것만으로도 큰 공부가 되었고 마치 디아블로 게임에서 레벨 1짜리를 최고 레벨이 버스 태워준다고 하지요. 그런 상황이 지금까지도 지속되고 있습니다.

방장님께서 여러 책을 읽으라 추천해주셨는데 그중에 한 권이 "배당은 절대로 거짓말을 하지 않는다"였습니다. 아이러니하게도 저는 이 책을 읽지는 않았습니다만 배당에 관련한 책으로는 "치과의사 피터 씨의 똑똑한 배당주 투자"와 "배당투자 바이블"을 읽었고 나머지 책들은 여러 블로거분의 좋은 서평과 유튜브에서 영상으로 읽어주는 것들 그런 것들로 배당 관련하여 지식을 차곡차곡 쌓게 되었습니다.

뒤에 언급할 내용이지만 책을 직접 사서 보면 좋겠지만 꼭 모든 책을 사야 하는 것은 아닙니다. 핵심 글귀 및 좋은 내용을 한 권의 책에 대한 여러 블로거분의 서평과 유튜브 등으로 남겨주시는 것들이 책을 읽은 것과 같은 교육효과를 얻을 수 있습니다. 물론 사서 읽는 것이 가장 좋으나 너무 책값에 올인 안 하셔도 될듯합니다.

배당을 기반으로 하는 正道와 꾸준한 실천의 투자는 각 개인의 능력과 운에 따라서 시간의 차이는 있겠지만 우리 모두의 꿈인 경제적 자유로의 목표지점에 도착에 있어서 바보의 생각으로는 장기적으로 절대로 실패, 낙오자 없이 투자하는 모든 인원이 목표지점에 도달할 것이라고 확신합니다.

제러미 시걸의 "주식의 장기 투자하라"에서 장기투자의 승리는 배당금의 재투자라고 말했습니다. 끊임없는 자본소득의 원천은 배당이옵니다. 꾸준히 모아가시면 퇴직하는 그 시점에 기업의 지분을 단 1개도 팔지 않더라도 매년 배당으로 현금흐름이 죽을 때까지 우상향하며 나오기 때문에 든든하고 경제적 자유를 얻은 채로 살아가게 됩니다.

매출, 이익, 배당의 증가 기업을 적절히 집중, 적절히 분산해
서 퇴직까지 사 모으면 자연스레 경제적 자유 달성
-바보 농부-

배당금이 개인투자자의 성공을 위한 유일한 길은
아닐지 모른다. 그러나 더 좋은 방법이 있다 해도
난 아직 그걸 찾지 못했다.
-조쉬피터즈-

내 유일한 기쁨이 뭔지 아나?
차곡차곡 배당금이 들어오는 걸 보는 일이라네
-록펠러-

주식시장에서 부자가 되는 비결은 배당금이 안정적으로 증가
하면서 주가 상승 잠재력이 평균 이상인 주식을 매력적인 가
격에 사는 것이다.
-찰스 칼슨-

기업이 성장해 이익이 늘어나면 그 기업의 주식을 가진 주주
들의 이익도 덩달아 늘어나 배당금이 많아지기 때문이다. 배
당은 주식투자의 성공을 결정짓는 중요한 요소이다. 월스트리
트에서 성공하는 가장 쉬운 방법은 이런 기업에 투자하는 것
-피터 린치-

[배당기반으로 투자를 해야 하는 이유]

기업과 동업할 맛이 난다.

실패 없는 투자를 위해서

좌절 없는 투자를 위해서

안전마진의 지표 중 하나이다.

주가 하락해도 자본소득 우상향

주가 상승해도 자본소득 우상향

주가 관계없이 자본소득 우상향

무조건 점진적으로 자산의 우상향

엎어져도, 넘어져도 자산의 우상향

꾸준히 실천만 한다면 실패확률이 0.01%

나의 행복한 노후와 미래가 이미 정해졌음

꾸준히 실천만 한다면 성공확률이 99.99%

장기투자로의 여정에 명분과 힘을 실어준다.

저평가 여부를 확인하는 지표 중 하나이다.

불가피한 투자원금의 손실에 초연할 수 있다

매도하지 않는 주가는 사이버상의 숫자일 뿐이다.

가정과 개인에게 예측할 수 있고 실용적인 시스템 소득

배당은 실질적으로 내 주머니에 들어오는 확실한 현금흐름

배당수령은 기업의 주인 임을 체감할 수 있는 몇 안 되는 사건

전 국민이 모두 투자에 참여하여 모두 목표에 도달하는 방법은 계속 언급해온 꾸준히 적립식으로 퇴직까지 사 모으는 길이라고 계속 말해왔습니다. 어려운 것은 없고 단순하고 간결합니다. 다만 꾸준한 실천이 가능하냐 못 하느냐입니다.

다들 원금손실을 두려워하며 주가가 하락할 시에 마이너스되는 투자원금에 초점이 맞추어져 있습니다. 우리가 목표로 해야 할 것은 매년 받는 자본소득(배당소득)의 점진적인 증가로 연봉 수준까지 도달하는 것 그리고 그것을 더 넘어서는 것으로 해야 할 것입니다.

목표 년 배당을 단계적으로 100만 원→200만 원→300만 원→400만 원→500만 원→600만 원→700만 원→800만 원→900만 원→1,000만 원→2,000만 원→3,000만 원→4,000만 원→5,000만 원→6,000만 원 ~ 1억 이상을 계획하고 실행하면 됩니다….

50만 원 ~100만 원씩 10~30년 배당 우상향의 좋은 기업들을 차곡차곡 사 모으시며 복리로 굴리고 굴리면 년 배당 구축이 수천만 원~ 억 단위로 가능하십니다. 개인적으로는 평범한 직장인은 **10만 원~100만 원** 정도가 매달 기업의 지분을 사 모을 수 있는 여윳돈일 것이라 보고 있습니다.

이 사실을 모르는 분이 많이 계십니다. 알아도 못하는 때도 있겠지마는 적어도 몰라서 못 하는 예는 없어야 하기에 이렇게 글로써 끄적이는 이유입니다. 경제적 자유로 이르는 길은 아주 단순하고 간결합니다.

주가는 꿈&구름(이상), 배당은 쌀&식량(현실)

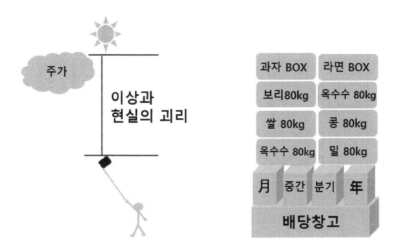

평범한 철수, 영희는

주가보다는 배당 우상향을 쫓아 가야 합니다.

배당이 주가 되어야 하고 시세차익은 덤으로 접근

운과 노력에 따라 덤인 시세차익이 왕건이가 될 수 있음

차곡차곡 쌓아야 합니다. 계단을 한 칸씩, 혹은 2칸씩~

키가 커서 다리가 길다면(개인 능력이 되면) 세 칸씩~

-바보 농부-

주가(꿈, 구름)는 적당히 쫓아가고, 배당(식량, 쌀)의 우상향 및 년배당 부피 키우기에 집중해야 합니다. 구름과 식량을 합리적으로 균형 있게 얻을 수 있는 기업이 제일 이상적이겠지

요. 현명하게 우상향, 반드시 우상향, 백전백승의 우상향, 엎어져도 자본소득은 우상향, 넘어져도 자본소득은 우상향~

항상 우상향 하게끔 구조와 포트폴리오를 짜고 계획을 짜서 해야 하는데. 배당을 기반으로 하는 투자는 가장 간단하고 쉬우며 기업투자의 근본입니다. 장기적인 관점으로 주식시장에서 시세차익보다는 기업의 이익과 성과를 배당으로 공유하다가 훗날 시세차익으로 왕창 수익을 내는 것이 수학의 정석처럼 기업투자의 정석이라고 할 수 있습니다.

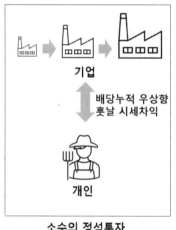

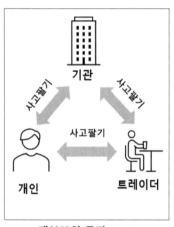

소수의 정석투자　　　　　**대부분의 투자**(제로섬)

기관은 직접 사고, 팝니다. 그리고 기관 중의 하나인 증권사는 직접 사고팔면서 주위에 사고팔기를 부추깁니다. 매매자들도 마찬가지로 사고팝니다. 대부분의 일반인 투자자들도 그러합니다. 쉽지만 아무나 못 하는 정석 투자의 길로 들어선다면 차곡차곡 우상향만 있을 것이옵니다.

①배당 우상향 누적으로 이익공유
②배당 우상향 누적으로 이익공유 + 훗날 시세차익 왕창
③①+② 혼합

①은 자본소득의 크기 증감으로 차곡차곡 쌓아가는 것이고, ②은 적절한 재조정을 통하여 시기별로 자산의 퀀텀 점프를 노리는 전략입니다. ①번과 ②번 모두 엄청나게 좋은 방법이지만 ③번 혼합전략이 가장 이상적이라고 할 수가 있겠습니다.

"수익은 거래에서 오지 않고 보유에서 온다"라고 말씀하신 인덱스펀드의 창립자 존 보글의 이 말은 여러 투자의 진리 중 하나인데요. 저에게 많은 것을 깨닫게 해준 귀중한 글귀입니다. 바보가 생각하고 정의하는 좋은 기업이란 꾸준히 배당금을 지급하되 매년 배당금을 높여줄 수 있는 기업입니다. 이 문장 속에는 많은 것들이 함축되어 있습니다.

[배당 우상향의 기업]

①빨리 살수록 Good   ④끊임없는 배당
②오래 들고 있을수록 Good   ⑤적절한 배당 성장률
③수량이 많을수록 Good   ⑥적절한 배당 성향

젊을 때 하루빨리 구축할수록 이득이며 기업이 망하지 않고 잘 굴러가는 한 내가 죽을 때까지 배당을 우상향해 주며 줍니다. 내가 죽게 되면 자녀나 가족에게 유산으로 기업의 지분을 넘겨주는 부의 긍정적인 대물림이 되게 됩니다. 나로부터 시작하여 가깝게는 현재의 나와 가족, 멀리는 미래의 나의 후손들이 대대손손 돈으로부터의 걱정만은 없애 줄 수가 있습니다.

앞 단락에도 언급했듯이 우리의 삶에서 가장 중요한 것은 0순위로 가족과 나, 지인들의 건강과 행복입니다. 돈은 수단으로써 존재할 뿐이며 없거나 적으면 생활이 불편합니다. 이 책의 목적 역시 수단으로써의 돈이 각 가정에 걱정 없이 충분하게 풍부하다면 험난한 삶의 세상살이에 있어서 여러 걱정거리가 있고 시련과 풍파가 있지만, 돈으로는 걱정과 스트레스를 받지 않길 바라는 것입니다.

매년 배당금을 올려주는 좋은 기업을 골라서 장기투자 하시면 그 기업에서 매년 받게 될 배당 이자율이 최초에 2~8%에서➔3~9%➔4~10%➔5~11%➔6~12%➔7~13%➔8~14%➔9~15%➔10~16%➔11~17%➔12~18%➔13~19%➔14~20% 등 점진적으로 증가하여 20~50%까지 너끈히 올라가게 됩니다.

좋은 배당 우상향의 기업에 적절히 집중, 적절히 분산으로 사 모으면 투입 투자금 5,000만 원~2억 정도(가정)만으로도 10~30년 세월이 지나면 자연스럽게 자본소득의 크기가 커져서 년 배당금 수천만 원~억 단위를 받을 수가 있습니다.

경제적 자유까지 이르는 길에는 그리 많은 돈이 필요하지 않습니다. 물론 다다익선으로 현금흐름 끝나는 날까지 계속 여윳돈을 적립으로 투입해주면 좋습니다. 매달 퇴직까지 적립식 배당투자로 수백, 수천만 원으로 일찍 배당 우상향의 구조를 짜놓는다면 그리 많지 않은 돈으로도 충분합니다.

단기 매매하든, 복리로 쌓아가든 결국 시간은 흐르는데 결과적으로 그 흐른 시간 뒤에 둘을 비교하면 복리로 쌓아간 쪽이 실패 없이 살아남으며 승승장구합니다. 꾸준히 생산성 있는 자산을 사 모으셔야 하고 배당 우상향 기업의 지분 수량을 늘리셔야 합니다. 그리고 시간과 배당을 복리로 굴려야 합니다.

유튜브나 뉴스 등에서 한국의 기업은 배당을 안 준다, 적게 준다. 주주 친화적이지 않다는 일부는 맞고 일부는 틀립니다. 물론 현재 전체적으로 봤을 때 배당 안 주거나 적게 주는 기업이 더 많으며 주주 친화적이지 않은 기업이 많은 것은 사실이나 대다수의 많음 때문에 소수의 잘하는 기업이 묻히거나 비난받아서는 안 됩니다.

배당 우상향해 주는 좋은 중소형기업과 대형기업들이 대한민국 주식시장에도 꽤 많이 있습니다. 국내의 2,100여 개의 상장사 중에 대략 100~300개 정도는 있는 것 같은데 사람들은 관심이 없어 보지 못할 뿐인듯합니다. 바보 또한 짧은 투자 기간에 2,100개의 모든 기업을 훑어보지 않았으므로 확실치 않지만 대략 100~300개 이상 예상합니다.

개수가 맞고 틀리고가 중요한 게 아니라 배당 우상향의 좋은 기업들이 제법 있다는 말을 드리고 싶습니다. 바보가 지금껏 대충 훑어본 기업의 수는 대충 600~700개 정도인 듯하고 배당 우상향의 기업들을 직접 확인한 수는 대충 100~150개 정도이기 때문입니다.

아이 투자에서 말하기를 국내의 대략 2,100개 상장사 중 88%인 1,850개는 증권사에서 나오는 리포트가 3개 이하라고 합니다. 리포트가 하나도 나오지 않는 기업이 1,500개 정도라고 하네요. 분석전문가들의 편식이 심각한 수준이라고 말씀드릴 수 있겠습니다.

국내의 기업투자가 기회가 많다는 수많은 이유 중 하나를 여기에서 찾을 수가 있습니다. 1,850개에서 3개 이하의 리포트가 나오고 1,500개 기업은 아예 리포트가 나오지 않으니까 국내의 기업투자는 저평가되어 있으면서도 아무도 모르고 관심 없는 기업이 많은 아주 큰 노다지 시장이라 생각합니다.

옆길로 샜는데 시세차익은 덤으로 생각하면서 배당에 집중하여 전략을 짜고 실행하면 자연스레 덤으로 생각했던 시세차익이 왕건이가 되어 보답해줄 것입니다. 주머니에 꽂히는 누적 배당 복리에 시세차익의 뻥튀기로 몇 년마다 자산의 점프업 전략도 세울 수 있고, 오로지 자본소득의 증감 방향도 있고 여러 다양한 전술 전략이 가능합니다.

수량 모으는 맛, 수량이 甲

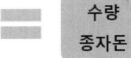

우선 다시 언급하면 어쨌든지 미국(외국), 한국의 배당 우상향의 좋은 중소형기업과 대형기업을 적절히 집중, 적절히 분산으로 차곡차곡 퇴직하는 그 날까지 기업의 지분을 사 모으시고 정해진 긍정적인 미래와 평안하고 행복한 노후의 초석을 다져야 합니다.

지금 2022년 이 시점에 태어난 아이는 태어나자마자 부모가 아이 이름으로 계좌 개설하여 차곡차곡 사주고 30살 될 때까지 복리로 굴려주면 미래는 정해졌고, 지금 저와 같은 청년이나 중장년은 계획 잡고 퇴직 때까지 끊기지 않는 현금흐름으로 쌓아가시면 됩니다. 퇴직한 분은 퇴직금으로 포트폴리오를 꾸려서 거치식으로 바로 사서 하면 되겠습니다.

제가 대충 생각나는 대로 컴퓨터 앞에서 의식의 흐름대로 목록 적으니 56개의 기업이 끄적거려졌습니다. 그에 따라서 그동안의 배당 우상향을 수치화해서 막대그래프 표로 만들어 보았습니다. 우리나라에도 배당 우상향의 좋은 기업은 생각 외로 아주 많습니다. 아무도 관심이 없어서 그렇습니다. 관심이….

	배당금		배당금
1999	350	2011	3,200
2000	1,050	2012	3,200
2001	1,050	2013	3,200
2002	1,400	2014	3,400
2003	1,600	2015	3,400
2004	1,600	2016	3,600
2005	1,700	2017	4,000
2006	2,400	2018	4,000
2007	2,600	2019	4,400
2008	2,800	2020	4,800
2009	2,800	2021	4,800
2010	3,000		

1999년 대비 13배
2000년 대비 4.5배
2002년 대비 3.4배
2003년 대비 3배

소비재(담배,건기식)

	배당금		배당금
2001	1,000	2012	3,750
2002	1,500	2013	3,750
2003	1,500	2014	4,000
2004	750	2015	5,500
2005	1,000	2016	7,500
2006	1,050	2017	9,000
2007	1,500	2018	9,250
2008	2,000	2019	11,000
2009	2,500	2020	11,000
2010	2,650	2021	12,000
2011	3,500		

2001년 대비 12배
2002년 대비 8배
2008년 대비 6배
2009년 대비 4.8배

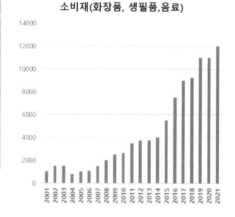

소비재(화장품, 생필품,음료)

대형 증권사

	배당금
2013	50
2014	160
2015	400
2016	400
2017	500
2018	500
2019	500
2020	700
2021	1050

2013년 대비 20배
2014년 대비 6.5배
2015년 대비 2.6배
2017년 대비 2.1배

인프라

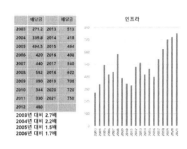

	배당금		배당금
2003	271.2	2013	513
2004	339.8	2014	419
2005	494.5	2015	484
2006	420	2016	400
2007	440	2017	540
2008	582	2018	622
2009	890	2019	700
2010	344	2020	720
2011	330	2021	750
2012	480		

2003년 대비 2.7배
2004년 대비 2.2배
2005년 대비 1.5배
2006년 대비 1.7배

종합 식품업체

	배당금		배당금
2010	150	2016	400
2011	100	2017	500
2012	150	2018	550
2013	150	2019	600
2014	300	2020	700
2015	400	2021	800

2010년 대비 5.3배
2011년 대비 8배
2014년 대비 2.6배
2015년 대비 2배

폐기물

	배당금		배당금
2013	50	2018	100
2014	100	2019	110
2015	100	2020	110
2016	100	2021	120
2017	100		

2013년 대비 2.4배
2014년 대비 1.2배
2019년 대비 1.1배

반도체,스마트폰,가전제품

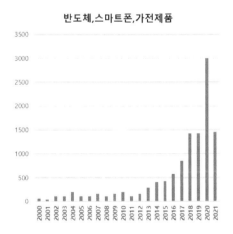

	배당금		배당금
2000	60	2011	110
2001	40	2012	160
2002	110	2013	286
2003	110	2014	400
2004	200	2015	420
2005	110	2016	570
2006	110	2017	850
2007	160	2018	1,416
2008	110	2019	1,416
2009	160	2020	2,994
2010	200	2021	1,445

2000년 대비 24배
2002년 대비 13배
2004년 대비 7.2배
2014년 대비 3.6배

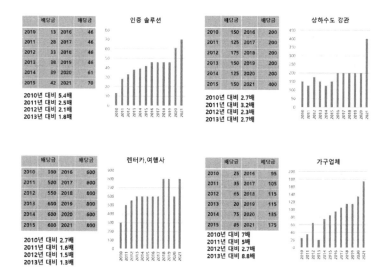

인증 솔루션

배당금		배당금	
2010	13	2016	46
2011	28	2017	46
2012	33	2018	46
2013	38	2019	46
2014	39	2020	61
2015	42	2021	70

2010년 대비 5.4배
2011년 대비 2.5배
2012년 대비 2.1배
2013년 대비 1.8배

상하수도 강관

배당금		배당금	
2010	150	2016	200
2011	125	2017	200
2012	175	2018	200
2013	150	2019	200
2014	125	2020	200
2015	150	2021	400

2010년 대비 2.7배
2011년 대비 3.2배
2012년 대비 2.3배
2013년 대비 2.7배

렌터카,여행사

배당금		배당금	
2010	300	2016	600
2011	500	2017	600
2012	550	2018	800
2013	600	2019	800
2014	600	2020	600
2015	600	2021	800

2010년 대비 2.7배
2011년 대비 1.6배
2012년 대비 1.5배
2013년 대비 1.3배

가구업체

배당금		배당금	
2010	25	2016	95
2011	35	2017	105
2012	65	2018	115
2013	20	2019	115
2014	75	2020	135
2015	85	2021	175

2010년 대비 7배
2011년 대비 5배
2012년 대비 2.7배
2013년 대비 8.8배

종합 비철금속 제련회사

배당금		배당금	
1998	500	2010	2,500
1999	500	2011	5,000
2000	500	2012	5,000
2001	500	2013	5,000
2002	500	2014	6,500
2003	500	2015	8,500
2004	750	2016	8,500
2005	850	2017	10,000
2006	2,000	2018	11,000
2007	2,000	2019	14,000
2008	2,000	2020	15,000
2009	2,200	2021	16,000

2003년 대비 32배
2004년 대비 21배
2005년 대비 18.8배
2006년 대비 8배

주방,안테리어,가구업체

	배당금		배당금
2010	500	2016	1100
2011	500	2017	1200
2012	600	2018	1200
2013	700	2019	1200
2014	850	2020	1300
2015	1000	2021	1550

2010년 대비 3.1배
2011년 대비 2.6배
2013년 대비 2.1배
2014년 대비 1.8배

IT,보안솔루션

	배당금
2016	5
2017	0
2018	25
2019	35
2020	40
2021	40

2016년 대비 8배
2018년 대비 1.6배
2019년 대비 1.2배

부동산,신탁

	배당금		배당금
2015	120	2019	182
2016	137	2020	220
2017	151	2021	220
2018	166		

2015년 대비 1.8배
2016년 대비 1.6배
2017년 대비 1.5배
2018년 대비 1.3배

농업관련

	배당금		배당금
2010	200	2016	265
2011	200	2017	295
2012	150	2018	250
2013	200	2019	250
2014	200	2020	250
2015	240	2021	350

2010년 대비 1.8배
2012년 대비 2.3배
2013년 대비 1.8배
2015년 대비 1.5배

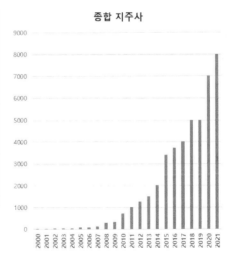

종합 지주사

	배당금		배당금
2000	0.4	2011	1,000
2001	0.4	2012	1,250
2002	40	2013	1,500
2003	40	2014	2,000
2004	40	2015	3,400
2005	66	2016	3,700
2006	84	2017	4,000
2007	120	2018	5,000
2008	280	2019	5,000
2009	330	2020	7,000
2010	700	2021	8,000

2002년 대비 200배
2005년 대비 121배
2006년 대비 95배
2011년 대비 8배

주방,인테리어,가구업체

배당금		배당금	
2010	500	2016	1100
2011	600	2017	1200
2012	600	2018	1200
2013	700	2019	1200
2014	850	2020	1300
2015	1000	2021	1550

2010년 대비 3.1배
2011년 대비 2.6배
2013년 대비 2.1배
2014년 대비 1.8배

IT,보안솔루션

	배당금
2016	5
2017	0
2018	25
2019	35
2020	40
2021	40

2016년 대비 8배
2018년 대비 1.6배
2019년 대비 1.2배

부동산,신탁

배당금		배당금	
2015	120	2019	182
2016	137	2020	220
2017	151	2021	220
2018	166		

2015년 대비 1.8배
2016년 대비 1.6배
2017년 대비 1.5배
2018년 대비 1.3배

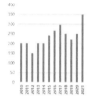

농업관련

배당금		배당금	
2010	200	2016	265
2011	200	2017	295
2012	150	2018	250
2013	200	2019	220
2014	200	2020	250
2015	240	2021	350

2010년 대비 1.8배
2012년 대비 2.3배
2013년 대비 1.8배
2015년 대비 1.5배

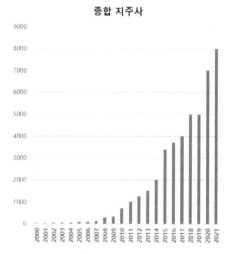

종합 지주사

배당금		배당금	
2000	0.4	2011	1,000
2001	0.4	2012	1,250
2002	40	2013	1,500
2003	40	2014	2,000
2004	40	2015	3,400
2005	66	2016	3,700
2006	84	2017	4,000
2007	120	2018	5,000
2008	280	2019	5,000
2009	330	2020	7,000
2010	700	2021	8,000

2002년 대비 200배
2005년 대비 121배
2006년 대비 95배
2011년 대비 8배

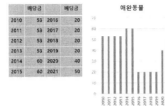

애완동물

	배당금		배당금
2010	53	2016	20
2011	53	2017	20
2012	53	2018	20
2013	53	2019	20
2014	60	2020	40
2015	60	2021	50

통합 보안관리 솔루션

	배당금		배당금
2010	50	2016	50
2011	58	2017	70
2012	58	2018	140
2013	42	2019	140
2014	30	2020	160
2015	30	2021	160

2010년 대비 3.2배
2011년 대비 2.8배
2014년 대비 5.3배
2017년 대비 2.3배

토목설계&감리

	배당금		배당금
2010	150	2016	170
2011	75	2017	190
2012	75	2018	220
2013	100	2019	250
2014	100	2020	280
2015	150	2021	280

2010년 대비 1.9배
2011년 대비 3.7배
2013년 대비 2.8배
2016년 대비 1.6배

ERP 소프트웨어

	배당금		배당금
2015	50	2019	100
2016	60	2020	100
2017	90	2021	100
2018	70		

2015년 대비 2배
2016년 대비 1.7배
2017년 대비 1.1배
2018년 대비 1.4배

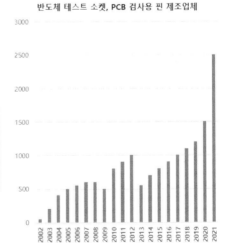

반도체 테스트 소켓, PCB 검사용 핀 제조업체

	배당금		배당금
2002	50	2012	1000
2003	200	2013	550
2004	400	2014	700
2005	500	2015	800
2006	550	2016	900
2007	600	2017	1000
2008	600	2018	1100
2009	500	2019	1200
2010	800	2020	1500
2011	900	2021	2500

2002년 대비 50배
2003년 대비 12.5배
2004년 대비 6.25배
2005년 대비 5배

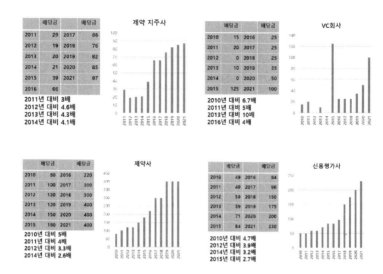

	배당금		배당금
2011	29	2017	66
2012	19	2018	76
2013	20	2019	82
2014	21	2020	85
2015	39	2021	87
2016	66		

2011년 대비 3배
2012년 대비 4.6배
2013년 대비 4.3배
2014년 대비 4.1배

제약 지주사

	배당금		배당금
2010	15	2016	25
2011	20	2017	25
2012	0	2018	25
2013	10	2019	35
2014	0	2020	50
2015	125	2021	100

2010년 대비 6.7배
2011년 대비 5배
2013년 대비 10배
2016년 대비 4배

VC회사

	배당금		배당금
2010	80	2016	220
2011	100	2017	300
2012	120	2018	300
2013	120	2019	400
2014	150	2020	400
2015	180	2021	400

2010년 대비 5배
2011년 대비 4배
2012년 대비 3.3배
2014년 대비 2.6배

제약사

	배당금		배당금
2010	49	2016	84
2011	49	2017	96
2012	59	2018	150
2013	59	2019	175
2014	71	2020	200
2015	84	2021	230

2010년 대비 4.7배
2012년 대비 3.9배
2014년 대비 3.2배
2015년 대비 2.7배

신용평가사

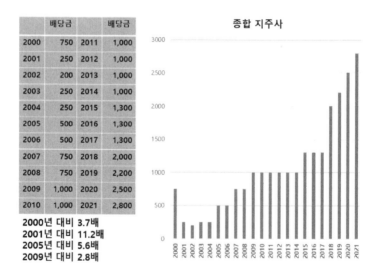

	배당금		배당금
2000	750	2011	1,000
2001	250	2012	1,000
2002	200	2013	1,000
2003	250	2014	1,000
2004	250	2015	1,300
2005	500	2016	1,300
2006	500	2017	1,300
2007	750	2018	2,000
2008	750	2019	2,200
2009	1,000	2020	2,500
2010	1,000	2021	2,800

2000년 대비 3.7배
2001년 대비 11.2배
2005년 대비 5.6배
2009년 대비 2.8배

종합 지주사

타이어 종합지주회사

	배당금		배당금
2010	350	2016	300
2011	400	2017	300
2012	400	2018	300
2013	300	2019	350
2014	300	2020	500
2015	300	2021	600

2010년 대비 1.7배
2011년 대비 1.5배
2013년 대비 2배
2019년 대비 1.7배

시멘트 지주사

	배당금		배당금
2010	187	2016	299
2011	187	2017	336
2012	187	2018	411
2013	262	2019	430
2014	280	2020	477
2015	280	2021	514

2010년 대비 2.7배
2013년 대비 1.9배
2014년 대비 1.8배
2016년 대비 1.7배

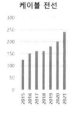

케이블 전선

	배당금		배당금
2015	125	2019	180
2016	150	2020	200
2017	160	2021	240
2018	160		

2015년 대비 1.9배
2016년 대비 1.6배
2017년 대비 1.5배
2019년 대비 1.3배

전자결제서비스

	배당금		배당금
2010	200	2016	350
2011	200	2017	350
2012	200	2018	420
2013	230	2019	460
2014	240	2020	460
2015	300	2021	590

2010년 대비 2.9배
2013년 대비 2.6배
2014년 대비 2.5배
2015년 대비 1.9배

	배당금		배당금
2000	150	2011	1,250
2001	200	2012	1,250
2002	200	2013	1,100
2003	400	2014	1,150
2004	600	2015	1,200
2005	800	2016	1,250
2006	900	2017	2,500
2007	1,050	2018	2,500
2008	1,100	2019	2,500
2009	1,150	2020	2,500
2010	1,200	2021	2,500

2000년 대비 16배
2001년 대비 12.5배
2003년 대비 6.25배
2007년 대비 2.38배

종합 보안업체

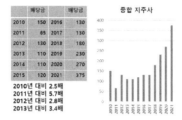

	배당금		배당금
2010	150	2016	130
2011	65	2017	130
2012	130	2018	180
2013	110	2019	230
2014	110	2020	270
2015	120	2021	375

종합 지주사

2010년 대비 2.5배
2011년 대비 5.7배
2012년 대비 2.8배
2013년 대비 3.4배

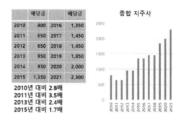

	배당금		배당금
2010	800	2016	1,350
2011	650	2017	1,450
2012	650	2018	1,450
2013	950	2019	1,850
2014	950	2020	2,000
2015	1,350	2021	2,300

종합 지주사

2010년 대비 2.8배
2011년 대비 3.5배
2013년 대비 2.4배
2015년 대비 1.7배

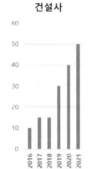

	배당금
2016	10
2017	15
2018	15
2019	30
2020	40
2021	50

건설사

2016년 대비 5배
2017년 대비 3.3배
2019년 대비 1.7배
2020년 대비 1.3배

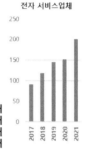

	배당금
2017	91
2018	118
2019	144
2020	151
2021	200

전자 서비스업체

2017년 대비 2.2배
2018년 대비 1.7배
2019년 대비 1.4배
2020년 대비 1.3배

	배당금		배당금
2008	500	2015	1,500
2009	1,000	2016	1,600
2010	1,250	2017	1,800
2011	1,350	2018	1,900
2012	1,350	2019	1,900
2013	1,350	2020	1,900
2014	1,200	2021	2,000

종합 지주사

2008년 대비 4배
2009년 대비 2배
2010년 대비 1.6배
2011년 대비 1.48배

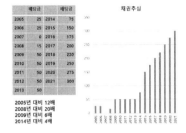

채권추심

배당금		배당금	
2005	25	2014	75
2006	25	2015	150
2007	0	2016	175
2008	15	2017	200
2009	50	2018	220
2010	50	2019	250
2011	50	2020	275
2012	50	2021	300
2013	50		

2005년 대비 12배
2008년 대비 20배
2009년 대비 6배
2014년 대비 4배

IT, 서비스

배당금		배당금	
2015	175	2019	230
2016	225	2020	340
2017	250	2021	390
2018	260		

2015년 대비 2.2배
2016년 대비 1.7배
2017년 대비 1.6배
2019년 대비 1.7배

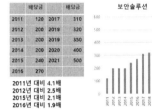

보안솔루션

배당금		배당금	
2011	120	2017	310
2012	200	2019	320
2013	200	2019	350
2014	200	2020	400
2015	240	2021	500
2016	270		

2011년 대비 4.1배
2012년 대비 2.5배
2015년 대비 2.1배
2016년 대비 1.9배

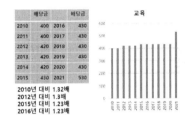

교육

배당금		배당금	
2010	400	2016	430
2011	400	2017	430
2012	420	2018	430
2013	420	2019	430
2014	420	2020	430
2015	430	2021	530

2010년 대비 1.32배
2012년 대비 1.3배
2015년 대비 1.23배
2016년 대비 1.23배

이것저것

배당금		배당금	
1998	50	2010	100
1999	75	2011	50
2000	75	2012	125
2001	75	2013	125
2002	75	2014	200
2003	75	2015	275
2004	75	2016	275
2005	75	2017	275
2006	75	2018	300
2007	75	2019	350
2008	75	2020	500
2009	75	2021	550

1998년 대비 11배
2000년 대비 7.3배
2010년 대비 5.5배
2011년 대비 11배

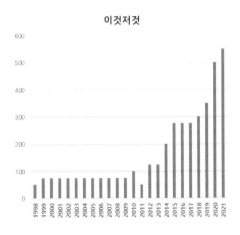

금융 지주사

	배당금		배당금
2010	120	2016	1,250
2011	720	2017	1,920
2012	600	2018	1,920
2013	500	2019	2,210
2014	780	2020	1,770
2015	980	2021	2,940

2010년 대비 24.5배
2011년 대비 4배
2012년 대비 4.9배
2013년 대비 5.8배

금융 지주사

	배당금		배당금
2010	700	2016	800
2011	700	2017	1600
2012	600	2018	1800
2013	200	2019	2900
2014	700	2020	3000
2015	1000	2021	6150

2010년 대비 4배
2011년 대비 3.2배
2014년 대비 2.6배
2015년 대비 2.33배

인테리어

	배당금		배당금
2010	200	2016	250
2011	200	2017	280
2012	200	2018	280
2013	230	2019	300
2014	250	2020	320
2015	250	2021	340

2010년 대비 1.7배
2013년 대비 1.5배
2014년 대비 1.4배
2017년 대비 1.2배

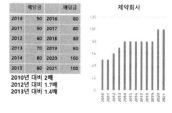

제약회사

	배당금		배당금
2010	50	2016	80
2011	50	2017	80
2012	60	2018	80
2013	70	2019	80
2014	80	2020	100
2015	80	2021	100

2010년 대비 2배
2012년 대비 1.7배
2013년 대비 1.4배

	배당금		배당금
2010	1,250	2016	5,000
2011	1,000	2017	5,000
2012	1,000	2018	5,000
2013	1,000	2019	5,000
2014	2,000	2020	5,000
2015	3,500	2021	6,500

2010년 대비 5.2배
2011년 대비 6.5배
2014년 대비 3.25배
2015년 대비 1.8배

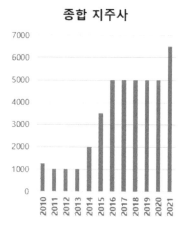

종합 지주사

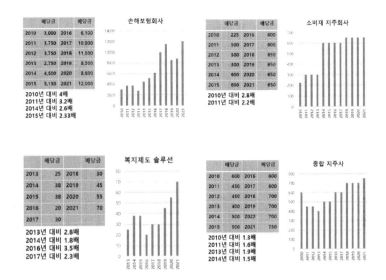

섹터별로 좋은 배당 우상향의 기업이 많습니다. 국내, 해외의 기업 지분을 차곡차곡 수량을 모으면서 배당 우상향으로 누적으로 복리를 쌓아가시면 누구나 경제적 자유가 가능하십니다. 그래서 매달 꾸준히 모으는 수량이 매우 중요합니다. 뒤 단원에서 더욱더 세밀하게 집중적으로 백전백승하는 방법들을 말씀드릴 텐데요. 그것들을 떠나서 **"꾸준한 실천"**이 매우 중요한 덕목입니다.

바보 또한 배당 우상향의 성장하는 기업의 수량을 모아가고 있는데요. 2018년 12월부터 지금까지 매월 꾸준하게 모은 그 수량이 벌써 35,200개를 보유하고 있습니다. 저는 앞으로도 계속 매월 수량을 모아갈 생각인데요. 지금부터 8년 뒤 즈음

2030년 1월 2일, 기업의 지분을 전량 매도하여 동행을 종료할 예정입니다.

[바보가 2030년 1월2일까지 동행 예정인 기업]

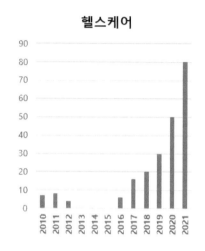

	배당금		배당금
2010	7	2016	6
2011	8	2017	16
2012	4	2018	20
2013	0	2019	30
2014	0	2020	50
2015	0	2021	80

18년도 코스닥 상장
비상장 및 코넥스 시절에도
배당해주던 주주친화기업

현재 제가 모으는 기업은 헬스케어, 건강 관련 사업을 합니다. 2018년도 12월부터 모아오면서 자연스레 배당의 우상향과 매년 사 모으는 수량의 복리가 더해져서 저는 주가의 오름과는 상관없이 매년 누적으로 저의 계좌는 우상향합니다.

기업은 매년 무럭무럭 잘 성장하고 있습니다. 그에 따라 기업의 가치도 눈에 보이지는 않지만, 점진적으로 높아지고 있는데요 현재 중소형의 작은 규모이기 때문에 지금부터 6년 뒤쯤이면 성장과 발전이 크게 되어 중형상점이나 대형상점까지 성장이 가능하리라는 바보의 개인적인 판단입니다.

기업은 배당 블루칩으로써(5년 이상 배당) 1년에 버는 매출 내에 합리적으로 주주에게 환원해주는데 배당 우상향 누적으로 차곡차곡 기업의 1년씩의 성과를 공유받다가 훗날 큰 성장에 따른 그 커다란 과실을 온전하게 주주로서 얻을 것입니다. 매일, 매주, 매 분기, 매년 기업을 추적 관찰하며 이 기업의 제품 소비자로서 주주로서 올바르게 제대로 투자를 하는 중입니다.

기업이 배당금을 늘려 줄수록, 매출과 이익이 늘어날수록, 성장하면 할수록 바보는 가만히 기업의 지분만 들고만 있으면 함께 부를 이룹니다. 그것이 느리게 보이지만 가장 최대한 빠르게 경제적 자유를 달성하는 길이라는 것을 깨달은 것은 2019년 말쯤이었습니다.

현재 동행 중인 기업은 2018년 12월에 발견할 당시에 시가총액이 450억~500억을 계속 오르내리며 왔다 갔다 했습니다. 현재는 750억~800억 사이를 계속 오르내리고 있습니다. 작은 구멍가게입니다만 저는 시가총액 3,500억~5,000억까지는 동행할 예정입니다.

바보의 전략은 3~5년 정도의 기간에 한 번씩 자산이 퀀텀 점프하는 전략을 취하는 중입니다. 운이 따라준다면 애초에 예상한 기간은 3~5년이었지만 시기가 앞당겨지기도 합니다.

저와 같은 평범한 직장인분들은 좋은 배당 우상향의 기업들이 많고 수량이 뿌이기 때문에 그에 따른 배당금(자본소득)의 크기를 매년 늘려가는 작업을 현금흐름이 끊기는 날까지 반복적으로 쌓아가시면 됩니다.

미국에서 배당블루칩(5년 이상), 배당 챔피언(10년 이상), 배당 귀족(25년 이상), 배당 왕(50년 이상) 4가지로 분류해서 개별기업이든, ETF든 그렇게 불리고 있는 듯싶습니다. 계속 반복적으로 말씀드리지만 국내 또한 미국과 같이 좋은 배당 우상향 기업들이 많이 있습니다.

우리나라에도 배당 블루칩은 너무나 많고, 배당 챔피언은 다수 있으며 배당 귀족은 열 손가락에 꼽히는 듯싶습니다. 그리고 배당 왕 또한 눈 비비고 잘 찾아보면 있는듯합니다. 일단 제가 아는 건 1개가 있습니다. 어쨌든지 국내와 해외의 좋은 배당 우상향 기업이든 ETF든 우표 수집하듯 사 모으시면 됩니다.

배당을 얼마나 오랫동안, 얼마나 많이 증가시켰느냐가 중요한 지표가 되겠지요. 또한 기업이 합리적으로 상식적인 수준에서 주주환원을 잘해주는 곳이라면 증가 폭이 지금 당장은 적거나 부족해도 장기적인 관점에서 보면 좋은 투자처가 될 수도 있습니다.

여러 경우의 수 등을 고려할 점이 많이 있습니다만 본질은 1년 동안 번 이익에서 적정한 배당 성향으로 주주들에게 배당을 주든 어떻게든 주주가치 제고를 해주는가가 될 것입니다. 지금 당장에 발전과 성장을 위한 투자자금으로 쓰기 때문에 배당이 없다. 맞는 말이지만 지금 안 주는데 기업에서 미래에 배당해 줄 것이라는 것은 특별한 경우가 아니고서는 투자자가 예측할 수 없는 영역입니다.

흔히 사람들에게 성장주라 불리는 미래 유망하고 좋은데 매년 배당은 안주는 기업, 혹은 주긴 주는데 이건 주는지 안 주는지 의도를 모르는 기업들은 평범한 직장인 초보자가 비중을 실으며 투자하기에는 적절치 않아 보입니다. 이런 기업들은 포트폴리오 100% 중 10~30% 이내가 적당할 것으로 보입니다.

재무 건전
지속적인 성장
주주환원

투자는 정말 단순하고 쉽습니다. 다들 아시는 내용이지만 정말로 크게 3가지를 중요하게 체크하고 갓 전원주 님을 비롯하여 바른말 하는 국내, 국외의 현인들이 말씀 하신 대로 쌓아가시면 됩니다. 계속 반복합니다. 누구나 큰 부자는 못되어도 작은 부자는 가능하답니다.

정답은 없지만, 잘못된 방법은 있다.

김종국이 예능에 나와서 "운동에는 정답이 없지만, 잘못된 방법이 있는데 그건 하면 안 된다"라고 한 적이 있습니다. 그 말을 듣고 많은 것을 깨닫는 계기가 되었습니다. 투자도 이와 마찬가지입니다. 여러 방법이 있으므로 각자의 길을 가되 상식, 논리적으로 하지 말아야 할 것만 잘 지키면서 투자하면 되겠습니다.

우리가 학창 시절을 생각해보면 성적이 똑같이 평균 85점~95점이 나왔다고 생각해보시면 국, 영, 수, 과학, 사회 등의 과목 중에 누구는 국어, 과학, 사회 점수가 높고 누구는 영어, 수학 점수가 높은 사람이 있을 겁니다. 이처럼 각자가 잘하는 게 있고 못 하는 게 있듯이 공통된 목표는 같지만, 그 과정은 서로 다릅니다.

세상은 내가 못한다고 해서 남이 못 하는 것은 아니고 그렇다고 잘할수 있는게 아닐 수 있고, 내가 잘한다고 해서 남이 못 하거나 똑같이 잘할 수 있는 것이 아니기 때문입니다. 각기 다른 인격체, 성격, 개성, 능력 등이 다르기 때문입니다.

이 글을 쓰는 저 역시 제 방법이 무조건 맞는다는 게 아니라 여러 투자의 갈림길 중에 바보가 생각하는 부분을 그냥 끄적이고 있습니다. 적어도 이 방법을 몰라서 못 하는 분이 없길 바래서입니다.

대표적으로 잘못된 방법은 바로

"고위험 小 수익"
"고위험 中 수익"
"고위험 高 수익"

내가 먹을 거는 적은데 위험은 엄청나게 크거나, 먹을 것도 많은데 위험도 같이 엄청나게 크거나 이 두 가지와 관련하여 여러 다양한 방법들로 투자를 하는 것이라 생각합니다.

바보가 늘 추구하는 백전백승의 전략은

"저위험 小 수익"
"저위험 中 수익"
"저위험 高 수익"

현재 바보가 투자에 쓰고 있는 전략은 **"저위험 高수익"**입니다. 내가 먹을 거는 엄청 많지만, 위험은 적은 그런 포지션에서 투자하려 노력하고 있고, 저위험 고수익과 저위험 중수익으로 위험은 최대한 배제하고 달콤한 과실을 얻어야 하며, 고위험 저수익을 추종하는 게 제일 위험합니다.

타이밍이 아닌, TIME

시간, 세월, 타임

좋은 기업, 저평가 기업을 적정가격에 목표 개수만큼 매수하였거나, 배당소득의 크기를 키우기 위해 수량을 모아가고 있다면 보유하며 기다리는 것이 필요합니다. 투자는 단순하지만 그 과정이 쉽지는 않은데 왜냐하면 인간의 심리적인 문제와 직결되기 때문입니다.

저도 마찬가지고 그 누구라도 하루빨리 시간을 앞당겨 모든 것을 빠르게 이루길 원합니다. 하지만 세상과 자연의의 순리는 그러하지 아니합니다. 모든 것은 적절한 때가 있고 시기가 있기 때문입니다.

"번갯불에 콩 볶아 먹는다"라는 속담이 있는데 어떤 행동을 당장 해치우지 못하여 안달하는 조급한 성질을 이르는 말로써 조상들의 삶의 경험과 지혜가 묻어나는 좋은 글귀입니다. EBS에서 테슬라 코인으로 400만 볼트의 전기를 유도해 여섯 차례 번개를 맞추었지만, 전혀 익지 않았습니다.

테슬라 코일의 방전 스파크가 콩에 맞기는 했지만, 그 방전 스파크는 콩에 전달되지 않고 콩을 지지하고 있는 철사를 타고 순식간에 지나가 버린 것이라 합니다. 콩은 전기를 통하지 않기 때문에 번개가 영향을 미칠 시간이 없었다고 하네요.

음식으로 비유하자면 슬로우 푸드와 패스트 푸드가 있는데 한식과 같이 한 끼 밥상을 차리려면 정성과 시간이 많이 드는 슬로우 푸드와 빠른 시간 내에 먹을 수 있는 냉동식품이라던지, 햄버거 세트라던지 패스트 푸드가 있습니다.

투자에 있어서 시간과 정성이 많이 필요한 슬로우 푸드를 원하지 않습니다. 다들 패스트 푸드를 원합니다. 물론 이해 못 하는 것은 아닙니다. 하지만 간과하는 사실이 하나 있습니다. 패스트 푸드 또한 시간과 정성이 필요합니다. 즉 모~든 것에는 적정 시간과 정성이 필요하다는 것입니다.

커피믹스를 마실 때도 물이 끓는 시간을 대신하는 정수기를 사용한다고 하더라도 커피믹스 봉지를 뜯는 시간 1초, 컵에 내용물을 붓는 시간 1초, 컵에 뜨거운 정수기 물을 붓는 시간 3초, 숟가락으로 잘 녹도록 휘휘 젓는 시간 5초 총합해서 10초 이상이 걸립니다.

급등, 테마를 통한 단기매매에서 성공하는 상위 1%의 분들은 엄청난 재능에다가 엄청난 노력을 합니다. 일반인이 한두 번 쏠쏠한 재미를 봤다고 그것은 실력이 될 수 없으며 일장춘몽과 같은 신기루라고 생각합니다.

우리는 정석의 길로 걸어가야 합니다. 시간이 다소 걸릴 수도 있습니다. 물이 100도에서 끓기 위해서는 가스 불을 켜자마자 끓는 것이 아니라 지긋이 열을 받으면서 기포가 올라오며 살포시 끓는 그 순간까지는 아무런 조짐이 보이지 않다가 서서히 작은 공기 방울이 생기면서 이내 큰 공기 방울이 생기며 부글부글 끓습니다.

농작물을 키우는 것도 그렇고, 아이가 어른으로 성장하는 것도 그렇고 지식을 습득하는 것도 그렇고 등등 세상에 모든 것이 그러합니다. 저 역시 왜 빨리 빨리의 마음이 없겠습니까? 사람의 마음과 생각은 모두 똑같습니다. 하지만 다 때가 있는데 그것을 어찌 한 개인이 세상의 순리와 반대에 맞서서 이길 수가 있겠습니까?

급하다 하여 바느질할 때 바늘의 허리에 실을 묶어서 꿰맬수가 없습니다. 바늘의 뒤쪽에 구멍에 실을 넣어서 해야 제대로 옷을 수선할 수가 있습니다. 바보 역시 기업이 성장하고 발전할 시간을 주어야 함을 알기에 2028~2030년까지 추적 관찰하며 느긋하게 본업에 집중하면서 동행하려고 합니다.

자연의 열매가 태양 아래 익듯
투자의 열매는 인내 아래 익는다.
-어느 블로거의 글-

토끼와 거북이

**물방울이 바위를 뚫는 것은
힘이 아니라 꾸준함이다**

옛날 옛적에 토끼와 거북이가 살고 있었습니다. 토끼가 거북이를 느림보라고 놀려대자 거북이는 토끼에게 달리기 경주를 제안합니다. 경주를 시작한 토끼는 거북이가 한참 뒤처진 것을 보고 안심을 하고 중간에 낮잠을 잡니다.

그런데 토끼가 자고 있을 때 거북이는 토끼보다 앞서가게 됩니다. 문득 잠에서 깬 토끼는 거북이가 자신을 추월했다는 사실을 깨닫게 되고 빨리 뛰어 가보지만 결과는 거북이의 승리였습니다.

위 이솝우화의 교훈은 토끼 입장에서는 능력을 과신하여 자만 하지 말라는 것이고 거북이 입장에서는 "꾸준함이 모든 것을 뛰어넘어 이긴다 ."입니다. 거북이의 꾸준함을 기본으로 토끼의 능력을 겸비할 수만 있다면 그게 가장 이상적입니다. 토끼의 능력은 투자자로서 갖추어야 할 실력으로 볼 수 있고 거북이의 능력은 투자자로서 갖추어야 할 마인드와 소양으로 볼 수 있습니다.

단기적으로는 토끼와 같은 능력자가 큰 성과를 얻으며 승승장구할 수가 있으나 능력을 믿고 과신하여 실수하거나 미끄러지면 그 이전으로 회귀하거나 더 뒤로 처질 수 있습니다. 거북이와 같이 평범한 범주의 사람들은 우직하게 묵묵히 바른길로 가면 되겠습니다.

토끼의 능력 가진 사람은 거북이와 같은 능력을 얻을 수 있도록 노력하면 부족한 부분을 메꾸어서 긍정적인 시너지를 일으킬 수 있을 테고, 거북이의 상황에 놓인 사람들 또한 토끼의 능력을 얻기 위해 공부에 힘쓰면 역시 더욱 좋은 시너지로 목표지점까지 가는 데 도움이 될 것입니다.

투자에 입문하고서 시장에 머물러 있는다 하여 투자자로서 내공이 쌓이는 것은 아닙니다. 부족한 부분은 메우고 장점이 되는 부분은 더욱더 부각해서 투자실력을 갈고닦아야지만 산 정상에 도달하는 시간을 앞당길 수 있으며 실수 없이, 실패 없이 손실은 최소화하며 수익은 극대화할 수 있는 밑바탕이 됩니다.

매달 퇴직까지 기업의 지분을 사 모으는 꾸준함
매주, 매달 기업투자에 관하여 공부를 실천하는 꾸준함

읽어볼 글귀

좋은 회사의 주식을
퇴직까지 많이 사서 모아라

투자자는 무엇이 옳은지 그른지에 대해
자신만의 생각과 아이디어, 방향을 가지고 있어야 하며
대중에 휩쓸려 감정적으로 행동하지 않아야 한다.
-앙드레 코스톨라니-

불확실한 것은 절대 사면 안 돼
-어느 투자 고수 할아버지-

투자는 IQ 와 통찰력 혹은 기법의 문제가 아니라
원칙과 태도의 문제이다.
투자란 철저한 분석을 통해 원금을 안전하게 지키면서도 만
족스러운 수익을 확보하는 것이다. 그렇지 않으면 투기다
-벤저민 그레이엄-

시장의 타이밍을 맞추려고 애쓰는 것은
스스로를 불안과 초조의 늪으로 빠트리는 지름길이다.
-랄프웬저-

원칙없이 부화뇌동 말고 자신만의 원칙을 세워라

-마티 슈발츠-

주식시장은 인내심 없는 사람의 돈을

인내심 있는 사람에게 이동시키는 도구이다

-워런 버핏

단기적으로는 수요와 공급에 의해서 시장가격이 결정된다.

하지만 시간의 지평이 길어질수록 수요와 공급에 영향을 주

는 근본적 요소가 시장가격을 지배한다

-세스 클라만-

매수는 과학, 매도는 예술, 보유는 신념

-마편배 쌀사님-

스스로 판단할 수 있는 자유로운 영혼과 어느 정도의 정신력

을 갖고 있다면 굳이 다수를 따라갈 필요가 없다

-존 네프-

일관성과 인내심을 가지는 것이 중요하다.

참으면 참을수록 복리라는 놈은 더더욱 당신 편이 될 것

-세스 클라만-

바보 농부의 투자

우보천리(牛步千里)

변동성을 즐기지 못한다면, 견디지 못한다면
기업투자로 큰돈 못 번다 생각하시면 됩니다.
기업투자로 노후 준비 못 한다고 생각하시면 됩니다.
기업투자로 인컴 소득 구축 못 한다고 생각하시면 됩니다.

기업이 잘 굴러가는 것과 관계없이 파는 사람이 많으면
주가는 하락하고, 사는 사람이 많으면 주가는 상승한다.
단기적으로는 주가가 하락할 수 있을지라도
장기적으로는 주가는 기업의 가치에 99.99% 수렴합니다.

노력 없이 이룰 수 있는 것은 없으며
물고기를 잡으려면 작살과 그물을 다듬어야 하며
의심과 물음이 확신이 서려면 공부하고 노력해야 합니다

수적천석(水滴石穿)	시종일관(始終一貫)
이란격석(以卵擊石)	십벌지목(十伐之木)
마부작침(磨斧作針)	전심전력(全心全力)
우공이산(愚公移山)	불철주야(不撤晝夜)
고진감래(苦盡甘來)	마부정제(馬不停蹄)
대기만성(大器晩成)	토적성산(土積成山)

도박처럼 하는 게 아니옵니다
급등 따라가는 게 아니옵니다
테마 따라가는 게 아니옵니다.
남의 말 듣고 하는 게 아니옵니다.

명심하십시오
투자는 철학입니다
투자는 원칙입니다.
투자는 논리입니다
투자는 이성입니다.
투자는 상식입니다.
투자는 마음수련입니다
투자는 인내입니다
투자는 기다림입니다.

공부해야 하고
객관적 정보 통합 후
합리적으로 판단
논리, 이성적으로 접근
경우의 수 파악
그에 따른 나의 포지션

올바르게 사고하고
올바르게 접근하고
올바르게 정보수집
올바르게 판단결정
올바르게 마음가짐
올바르게 기업투자
올바르게 기업동행
올바르게 배당복리
올바르게 근검절약
올바르게 꾸자사모
올바르게 선승구전
올바르게 점진상승
올바르게 노후준비
올바르게 동네부자

바보는 아무것도 모릅니다.

바보는 도망가지 않습니다.

바보는 물러서지 않습니다.

바보는 확실한 길만 갑니다.

바보는 앞만 보고 가겠습니다.

바보는 바보의 판단을 믿습니다.

바보는 잃지 않는 투자를 합니다.

바보는 질 수 없는 투자를 합니다.

바보는 남의 말은 참고만 합니다.

바보는 투자 멘토를 따라가겠습니다.

바보는 돌다리도 두들기며 건넙니다.

바보는 저격수처럼 기다리겠습니다.

바보는 마음 수련하며 기다리겠습니다.

바보는 기업과 동행하겠습니다.

자본주의 사회에서는 앞으로 성장할 회사,

이익이 꾸준하며 우상향하는 회사에 돈만 대주면

그 회사가 점점 우상향 하며 성장하면 할수록

투자자이자 회사의 주주로

그 과실을 같이 얻으며 부를 이룰 수 있습니다.

단타 NO

안전마진을 깔고서

낚시하듯 여유롭게

산책하듯 가볍게

게임을 하듯 즐겁게

영화 보듯 집중력 있게

운동하듯 열정적으로

잠자듯 편안하게

바다처럼 잔잔하게

저수지처럼 고요하게

흐르는 강물처럼 물 흐르듯이

편안한 마음을 품으며

매주, 매달 적립식으로 차곡차곡

시간과 복리를 온전히 이용해야 합니다.

기업의 주가는 최종적으로 수급이 결정하는 것이 맞습니다.
잊지 말아야 할 것은 수급을 결정하는 가장 중요한 요소는
기업의 가치와 실적이라는 것입니다.
-남산 주정-

"**우보천리**"는 소의 걸음으로 천 리를 간다는 뜻으로 서두르지 않고 일을 처리함을 이르는 말인데요. 바보의 목표와 방향성 또한 그러합니다. 이 글을 지금 쓰고 있는 시점 2022년 6월 투자 기간 43개월 현재 바보의 순수 적립금은 7,128만 원이며 현재 기업 지분의 총 매입금은 7,931만 원입니다. 순자산은 매일 주가가 오르락내리락 변동이 있기에 변동 없는 숫자를 말씀드립니다.

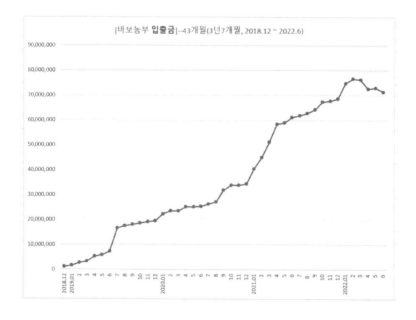

2018년 12월 ~ 2022년 4월, 41개월간 바보 농부가 증권계좌에 적립한 현황(입출금)입니다.

2022.05.31		
이체입금	5,000	5,00
2022.05.31		
이체입금	828	82

無에서 유를 만드는 중입니다. 2018년 12월부터 매달 꾸준하게 급여에서 10~100만 원을 넣었습니다. 앞으로도 10년, 20년, 30년 동안 멈추지 않고 근로소득으로 매달 5만, 10만, 20만 원 등 금액에 상관없이 기업의 지분을 살 생각입니다.

1차 목표—년 배당 3,000~5,000만 이상(경제적 자유 단계)
2차 목표—동네 부자(서민 갑부의 단계 들어서기)
3차 목표—바보 현인의 단계 들어서기
부수적 목표—상부상조의 기부 및 봉사 등 돕고 사는 삶

초창기에는 언제 종잣돈 모을까 싶은 걱정과 함께 마음이 불안하고 초조하였는데 시간이 지나고 보니 과거의 적립이 모여서 8,000만 원 가까이 모이게 되었습니다. 바보의 투자금 중 2,110만 원은 어머니의 투자금입니다. 바보에게 맡기어 같이 운용해달라고 주신 것이지요.

```
——————————————————       2021. ——————500
#어머니# —2110만원              1월 300
                              2월 100, 300
2020 ——————                 3월 200, 40
1월 —10                      4월 200,100
2월 —10                      6월 90
4월 —120                     7월 40, 30
5월 —50, 10                  8월 40
6월 —10                      9월 60
7월 —10                      ——————————2000
8월 —10                      10월 60
9월 —10, 150                 ——————————
10월 —11                     2022년
                             2월. 50
```

지금은 불안감이라던지 그런 것이 없습니다. 바보의 5년 뒤, 10년 뒤, 15년 뒤, 20년 뒤의 장래는 아주 밝고 긍정적일 것이

라고 확신이 들기 때문입니다. 내가 매일, 매달, 매년 부자의 길로 한 걸음씩 전진하고 있고 정해진 미래를 향해 걸어가고 있습니다. 그 시기를 앞당기는 것은 온전히 개인의 노력과 굴리는 돈의 크기, 운에 따라 사람마다 다를 것입니다.

지극히 평범한 바보는 금자탑을 1층부터 끝 층까지 쌓아 나갈 것이며 올바른 正道의 길 중에 몇 가지를 선택하여 묵묵히 나아갑니다.

매달 기업의 지분을 사는 것이 행복하고 즐겁습니다. 기업투자는 삶의 활력소가 되고 진취적이고 역동적인 인생을 살아갈 수 있도록 해주는 보조제 역할을 하고 기업의 주주로의 재미도 있습니다.

소리에 놀라지 않는 사자처럼
그물에 걸리지 않는 바람처럼
진흙에 더럽히지 않는 연꽃처럼
무소의 뿔처럼 혼자서 가라
-숫타니파타 중에서-

4.동네 부자의 길

모두 0에서 시작
흥청망청과 근검절약
꾸자사모
퇴직연금 / 개인 IRP, 연금저축펀드
투자는 너무 쉽다.
누구나 부를 이룰 수 있다.
기업과 동행하는 삶
멀리 내다보기
로우 리스크, 하이 리턴
안전마진과 투명 유리 바닥
투자는 기다림이다.
복리와 시간의 마법
기업투자는 농사와 같다.
투자는 곱하기
마음의 그릇 키우기
부자의 마음가짐, 그릇
경제적 자유와 동네 부자

모두 0에서 시작

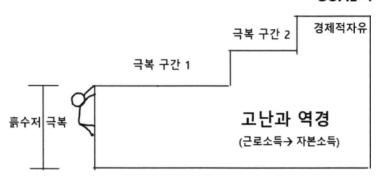

진짜 평범한 보통 사람의 자녀들은 모두 0에서 시작합니다. 집이 중산층 이상인 사람들 말고는 그렇습니다. 0이면 다행인데 마이너스에서 시작하는 사람들도 있습니다. 저와 같이 평범한 사람은 0인데 마이너스인 분들은 상황과 여건이 더 어려움에 있는 상태입니다.

우리나라에는 다양한 사연과 상황으로 지극히 평범한 사람들보다도 어려운 상황에 처한 청소년, 청년들이 있습니다. 평범한 가정 혹은 어려운 집안의 청소년과 청년 중에 혹시나 마음이 괴롭고 세상이 원망스럽고 포기와 좌절에 빠져있으시다면 포기와 좌절에서 깨고 나오세요.

출발선이 0이든, 마이너스든 누구나 여유롭게 부를 이루고 평안한 삶이 가능하니 말입니다. 방향성과 실천이 중요합니다.

출발의 위치에 따라서 약간의 시간 차이, 절제와 노력이 조금 더 들어갈 뿐 도착하는 장소는 모두 똑같습니다. 남과 비교하지 마시고 현실의 나를 정확하게 인지하고 받아들이세요. 그다음에 더 나은 미래를 생각하세요.

각자 자기 위치에서 직업을 가지시고 본업에 집중하여 꾸준한 현금흐름을 만드시면 됩니다. 끊임없는 현금흐름과 기업의 지분 등 생산성 있는 자산을 사 모으는 작업을 해야 합니다…. 근로소득을 자본소득으로 바꾸는 작업을 계속하면 됩니다.

아르바이트를 평생 하든, 장사를 평생 하든, 사무직을 평생 다니든, 공장을 평생 다니든, 일용직을 평생 하든, 어떠한 일을 하든지 그것은 중요하지 않습니다. 소득이 많고 적음을 떠나서 (물론 소득이 많으면 더 빠르게 도달) 불필요한 소비를 줄이고 좋은 배당 우상향 기업들을 꾸준히 골고루 사 모으는 것을 반복하면 노후 준비는 떼놓은 당상이며 운만 따라주면 경제적 자유도 시간을 앞당길 수 있습니다.

"개같이 벌어서 정승같이 쓴다"라는 속담이 있습니다. 돈을 벌 때는 귀천을 가리지 않고 벌어서 값지게 산다는 뜻인데 우리 모두 귀천을 가리지 말고 열심히 벌어서 각자의 노후를 정승의 품격으로 업그레이드시킵시다~! 시작점은 흙, 나무, 동, 금 다르나 최종 목표는 여유롭게 안정적으로 평안하게 살기이며 모두 같습니다.

[Simple 이론 1]

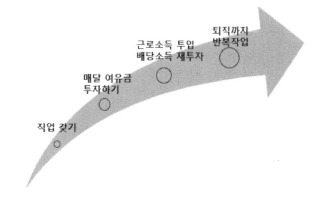

퇴직까지 반복해야 할 작업

[Simple 이론 2]

근검절약 : 소비와 저축(투자)의 적절한 균형

꾸자사모 : 꾸준히 기업의 지분을 사 모으자

흥청망청과 근검절약

앞서 우리는 0에서부터 시작한다고 말씀드렸습니다. 각자의 위치에서 소비와 저축(투자)의 균형을 맞추어 지금의 삶의 만족도도 키우면서 미래의 풍요를 위하여 준비하고 대비 해야 합니다.

소비 현명하게
투자 매달매달
저축 매달매달
기부 소액실천

선물 실속있게   취미 아낌없이
용모 단정하게   운동 아낌없이
의류 깔끔편안   배움 아낌없이
신발 깔끔편안   유흥 적절하게
가방 깔끔편안   야식 적절하게
명품 필요하면   외식 적절하게
차량 필요하면   한턱 가끔가끔
모임 적절하게   여행 가끔가끔

모으기 쉽지는 않을 거예요. 하지만 그 과정이 없으면 나중에 훌륭한 결과도 없다고 생각하기에 늘 실천하려고 노력합니다. 저도 쉽지는 않습니다만 또 그렇다고 막 엄청 어렵고 그렇지도 않습니다. 먹고 싶고 하고 싶은 것도 참지 않고 하긴 하는데 다만 그 빈도수를 줄이며 차곡차곡 쌓아가는 재미를 느끼고 있습니다.

많이 참을 필요는 없습니다. 약간만 양보하면 됩니다. 형편대로, 그리고 필요한 곳에 소비하시고 부자처럼 보이려고 하지만 않으시면 될 것 같고 남에게 보여주기 위한 삶만 안 사신다면 충분할 것 같습니다.

많이 벌고 적게 벌고를 떠나서 꾸준히 근검절약을 실천하시면 됩니다~서민 갑부 TV프로를 자주 보는데요. 많은 것을 느끼고 깨닫습니다. 다양한 사례들이 많은데 30대 초반의 한 청년 갑부를 예를 들면 20대 시절에 6년 동안 식당 주방에서 일하면서 1억을 모은 사례를 TV를 보며 사진 찍어 왔습니다.

이분은 6년간 근검절약하여 종잣돈을 모아서 가계를 얻는데

1억을 쓰고 장사 테크트리를 타며 사업가의 길로 진입하여 승승장구하고 계신 분인데요. 서민 갑부의 거의 모든 회차 방송분을 다 보았는데 단 한 분도 애초에 돈이 많은 상황에서, 갖추어진 채로 시작하신 분이 없습니다. 모두 다 밑바닥에서부터 자수성가로 일어나신 분들이거든요.

그분들은 처음 어려웠을 때부터 현재 성공하고 살아가는 이 시점에도 늘 근검절약과 긍정적인 마인드 등 항상 몸에 배어있습니다. 서민 갑부를 포함하여 부를 이루신 진짜 부자들은 불필요한 소비보다는 합리적인 소비를 하는 편이 많습니다.

소비가 100% 되면 인생이 하루살이가 되어버리니 소비와 근검절약의 비율을 각자의 상황과 여건에 맞추어 작더라도 꾸준하게 실천 9(흥청망청) : 1(근검절약)도 좋고 8:2, 7:3, 6:4, 5:5, 4:6, 3:7, 2:8, 1:9 등등 어떠한 것도 좋습니다.

형편없이 적은 수입이라도 쥐어짜고 졸라매어 저축을 하다 보니 사글셋방이 전세방이 되고, 전세방이 비록 초가집이지만 내 집으로, 초가집이 더 그럴듯한 집으로 옮겨졌다.

요즘 풍조는 더 이상해져서 집보다도 차를 먼저 사고, 버는 대로 쓰고 버는 이상 써서 언제나 빚을 이고 사는 사람들이 많다. 어려워도 어려운 가운데 다소 여유가 있어도 전혀 여유가 없다고 생각하고 근검절약하기를 권고한다.

내일은 오늘을 어떻게 사느냐에 달려있고 10년 후는 지난 10년을 어떻게 살았는가의 결과이다. 가난 구제는 나라도 못 한다. 열심히 일하면서 근검절약만 해도 큰 부자는 못 되어도 작은 부자는 될 수 있다.

-정주영-

꾸자사모

　근검절약과 꾸자 사모는 +로써 누적으로 굴리는 종잣돈의 부피를 키우는 과정이며 복리로 굴러갈 때 가속해주는 역할을 합니다. 10만 원~100만 원 사이로 책정하면 되는데 급여의 10~30% 사이로 책정해도 무방합니다.

　100만 원 급여 받으시면 10~30만 원, 200만 원이면 20~50만 원, 300만 원 30~90만 원, 400만 원 40~120만 원, 500만 원 50~150만 원 각자의 상황과 형편에 따라서 현명하게 결정하면 되겠습니다.

　적절하게 근검절약하면 30~50은 충분히 가능할 거라 보고 있고 개인적으로는 매월 30씩은 투자 하는 걸 추천해 드리며 좀 더 빠른 속도를 원하시면 50~100 이상을 추천해 드립니다.

　상황에 따라서 이번 한 달 빠듯하거나 다른 곳에 돈 들어갈 일이 있으면 그달은 투자 안 하거나 더 줄여서 소액으로 해도 되고 상황에 맞게 유동적으로 하면 될듯합니다.

　제일 이상적인 것은 아예 넣은 금액은 찾지 않고 계속 굴리는 것이기 때문에 20~30만 원이 제일 마음 편하게 부담이 없을 금액으로 생각됩니다. 사실 222p의 simple 이론 1번과 2번이면 사실 모든 것을 이룰 수 있습니다.

[simple 이론 1]   [simple 이론 2]

정주영 회장님 말씀처럼 작은 부자는 100%이며 운과 노력 여하에 따라서 큰 부자도 가능합니다. 결국은 자본주의 올바른 이해와 꾸준한 실천력, 담대한 마음가짐 이 세 개가 꾸준하게 현금흐름이 끝나는 날까지 근로소득을 자본소득으로 바꾸는 작업을 이어가게 해주는 핵심 요소라고 봅니다.

굴리는 돈의 크기, 종잣돈, 목돈의 크기가 중요한 이유는 아무리 강조해도 지나치지 않습니다. 돈이 돈을 버는 그 속도가 엄청나게 차이가 나며 처음의 일정 수준의 금액까지 모으며 기반을 다지는 그 과정이 껄끄럽고 쉽지 않기 때문에 많이들 포기하고 only 흥청망청 길로 많이 빠집니다.

처음 1억 모으는 시간보다 1억에서 2억까지의 기간은 더욱 빠르고 2억에서 3억은 더~빠르고 4억까지는 더~~빠릅니다. 금액이 커질수록 돈이 돈을 벌어들이는 효과가 매우 커지기 때문입니다.

반드시 한번은 거쳐야 할 과정입니다. 꾸준히 자산을 사 모으는 과정에서는 바보처럼, 기계처럼 접근하는 게 좋은 방법입니다. 변동성으로 인한 원금손실이라는 딜레마 때문에 투자를 주저하는 분이 많습니다만 수량에 집중하여 우직하게 자본소득의 크기를 키우는 데 힘써야 합니다.

원금도 최대한 지키시려면 급등, 테마, 고점은 피해야 하며 기업 공부도 하고 저평가이면서 안전마진 깔리고 유리 바닥이 있는 위험성은 최대한으로 줄이고 중~고수익을 얻을 수 있는 그런 상황의 위치에 놓인 기업에 투자해야겠지요

10번, 20번, 수십 차례 강조해도 지나치지 않을 근검절약과 꾸자사모의 조합으로 굴리는 돈의 크기를 키워야 하는데요. 100~500, 1,000만 원을 기업투자로 굴리는 사람과 3,000만 원, 5,000만 원, 1억, 5억, 10억, 10억~100억 이상은 하늘과 땅의 차이입니다.

시세차익이든, 배당소득이 되었든 어느 방법을 이용하더라도 결국은 판을 크게 해야 풍작으로 결실을 거둘 때 많은 수확이 가능합니다. 땅이 넓어야 여러 종류의 작물을 많이 심을 수가 있는 것과 같습니다.

자산이 많고 지킬 것이 많으며 올바른 길을 추구 하는 분은 지극히 보수적으로 하십니다. 잃지 않음에 중점을 두고 재미없고 평탄한 길을 선호합니다. 블로그를 하며 수도권 1명, 부산 1명, 총 2분의 전업투자자들을 만났는데 그분들의 공통점은 크게 욕심이 없습니다. 천천히 복리로 계속 우상향 하십니다.

두 분 다 적절하게 분산하며 보수적으로 하시고 계셨습니다. 굴리는 규모가 수십억이라고 말씀하셨는데 한 분은 1년 목표수익률이 8%면 된다더군요. 그렇습니다. 굴리는 돈의 규모가 클수록 급등, 고점, 테마 따라잡기는 너무 어리석은 걸로 보이게 되는 겁니다.

현재 이룬 자산이 적고 종잣돈이 적고 욕심이 많은 사람일수록, 안타깝지만 급하게 마음에 쫓겨 신용 쓰고, 급등, 테마, 고점을 따라가며 짧은 기간에 몇 배 불리려고 하는 유혹에 이끌리는 상황이 많이 일어나게 됩니다.

단순 시세차익 관점으로 보자면 1억의 8%는 800만, 2억의 8%는 1,600만, 3억의 8%는 2,400만, 4억의 8%는 3,200만, 5억의 8%는 4,000만, 6억의 8%는 4,800만, 7억의 8%는 5,600만, 8억의 8%는 6,400만, 9억의 8%는 7,200만, 10억의 8%는 8,000만입니다.

20억의 8%는 1억6천, 30억의 8%는 2억4천, 40억의 8%는 3억2천, 50억의 8%는 4억, 60억의 8%는 4억8천, 70억의 8%는 5억6천, 80억의 8%는 6억4천, 90억의 8%는 7억2천, 100억의 8%는 8억입니다.

핵심은 올바른 正道의 길로 꾸준한 실천입니다. 수량 매집, 굴리는 부피를 증감, 주가 하락에 손절매하지 않을 기업을 선택, 상식, 합리적 주주환원 실천의 배당 우상향의 기업, 주가와 상관없이 자본소득의 크기의 매 분기 or 매년 증가

퇴직연금 / 개인 IRP, 연금저축펀드

연 소득	연금저축	IRP
1억 2천만 이하	400만원	700만원
1억 2천만 초과	300만원	

세액공제 받으시려고 1년 동안 400만 원을 채우거나 700만 원까지 직장인분들이 많이들 채우고 있습니다. 세액공제는 최대 700까지이나 최대 납부 한도는 1,800만 원까지 인걸로 알고 있습니다. 결론적으로 바보는 연금저축 펀드와 개인 IRP는 하지 않습니다. 그 이유는 **"기회비용"** 때문입니다. 더 빠르게 더 크게 복리로 자산의 퀀텀 점프의 기회...

하지 말라는 것이 아닙니다. 오해 없으시길 바라며 필요하신 분들은 무조건 착실히 납부하며 하셔야 합니다. 장기적으로 보면 기회비용 때문에 하지 않는 저의 포지션에서 말씀드리는 것입니다. 저는 직장에서 하는 퇴직연금(DC)만 합니다.

일단 퇴직연금(DC) 같은 경우는 직장을 다니시면 자연스럽게 개설되며 이직을 하시더라도 해제하지 마시고 다음 직장에서 바통을 이어받아 지속해서 퇴직까지 쌓아가면서 개인이 운용하면 됩니다.

연금저축펀드와 개인 IRP 같은 경우는 세액공제가 400, 700 단위로 되기 때문에 1년 동안 이 금액만 미래를 위해서 맞추시는 분이 계십니다. 이 금액을 맞추시고 따로 개인적으로 기업

투자를 병행해서 하는 경우와 그렇지 않은 경우로 나눌 수가 있는데요.

1년 동안 400을 맞추려면 월 납입액이 33만 원이고, 700을 맞추려면 58만 원 정도입니다. 보통의 평범한 직장인이 월 한 달 여윳돈이 30~100만 원 정도라고 치면 400과 700을 맞추고 나면 개인적으로 따로 자산의 우상향을 위해 능동적으로 할 수 있는 기회가 많이 감소합니다.

IRP와 연금저축펀드만 하는 경우는 20세~30세에서 직장을 다니고 65세까지 일한다고 가정했을 때 35~45년 동안 능동적으로 자산의 점프 업의 기회가 전혀 없다고 볼 수 있습니다. 세액공제 채우고 나서 남는 돈으로 개인적으로 투자한다고 하면 나쁘지는 않으나 부담되는 것이 사실이며 굴리는 돈의 크기가 쉽사리 커지지 않을 겁니다.

특히나 20대~40대시라면 더더욱 기회비용이 중요합니다.
20대➔ ~45년의 기회비용 손실
30대➔ ~35년의 기회비용 손실
40대➔ ~25년의 기회비용 손실

ISA라고 좋은 게 나왔으니 년 2천만 원 한도에 5년간 1억까지 한도가 확장되니 이런 곳에 넣어서 직접적인 기업투자를 하면 배당소득으로 떼어가는 세금도 많이 감면해주고 복리에도 더욱 좋습니다. 보통 배당소득세가 15.4%인데 ISA는 서민형

400만 원까지의 수익은 비과세이며 그걸 초과하면 초과 금액에 대해 9.9%만 세금이 부과됩니다.

1억까지 채울 때까지는 ISA에 차곡차곡 매달 적립하면서 모아가면 너무 좋다고 개인적으로 생각이 듭니다. ISA 계좌에 적립금 1억을 목표로 기업의 지분을 사 모아가는 것을 추천해 드립니다.

제가 생각하기로 평범한 직장인은 이것저것 할거하고 나면 빠듯한 분이 많을 것으로 보입니다. 월급통장이 아니라 월급텅장이라고 하지 않습니까? 여윳돈 여력이 30~60만 원 마련하는 정도가 가장 보편적이라 생각합니다

연금저축펀드와 개인 IRP가 나쁘다는 게 아니라 한 달에 여윳돈이 30, 60만 원이 한계인 사람이 30만 원을 년 400에 맞춰 내거나 60만 원씩 년 700에 맞춰서 내게 되면 개별 투자금이 평생 0원으로써 기회비용 측면에서 너무나 아까운 시간을 버리게 되기 때문입니다.

돈 많이 벌고 많은 분이야 가족 모두 1,800만 원까지 꽉꽉 채우며 절세를 위해 노력하고 하시는 경우가 많습니다만 저는 매달 여윳돈이 10~100 사이이고 나이가 30대이기 때문에 앞으로 남은 35년이라는 시간 동안에 잘 계획하고 실천하여 자본소득의 우상향과 덤인 시세차익으로 차곡차곡 승승장구를 목표로 하고 있습니다.

투자는 너무 쉽다.

학교 공부보다 쉽습니다.

기업과 동행하면 됩니다.

기업투자는 아주 쉽습니다.

거시경제 볼 필요 없습니다.

직접 하는 사업보다 쉽습니다.

사 모으며 세월을 기다립니다.

본업인 직장생활보다 쉽습니다.

사 모은 후 세월을 기다립니다.

시장의 상황을 볼 필요 없습니다.

시간이라는 복리를 이용하면 됩니다.

기업 공부는 적당하게만 하면 됩니다.

매달 급여에서 여웃돈으로 사면됩니다.

적절히 집중, 적절히 분산하면 됩니다.

타이밍을 심각하게 잴 필요가 없습니다.

머리는 차갑게, 가슴은 뜨겁게 하면 됩니다.

사 모으는 기업의 주가가 하락하면 감사합니다.

사 모으는 기업의 주가가 상승하면 감사합니다.

올바르게 한다면 장기적으로 손실 볼 수 없는 구조입니다.

매달 계속 사고
기다릴 줄 알면
투자는 끝

저평가 사서 기다리기
꾸준히 사서 배당 복리
성장하는 기업과 장기간 동행

뇌동매매 금지
급등 따라잡기 금지
테마 따라잡기 금지
고평가 덜컥 계획 없이 사기 금지

머리가 좋든, 나쁘든
아는 게 많든, 적든
사무직이든, 생산직이든
알바든, 비정규직, 정규직이든
누구나 동네 부자 되는 길

기업투자는 다 함께 잘 살 수 있는, 아주 높은 큰길이다.
-박영옥-

누구나 부를 이룰 수 있다.

大富由天 小富由勤 (대부유천, 소부유근)

큰 부자는 하늘의 뜻에 달려 있지만,
작은 부자는 부지런한 데서 온다.

오직 흥청망청 = 하루살이 인생
근검절약+꾸자사모 = 작은 부자
근검절약+꾸자사모+실력+운 = 큰 부자

대부유천, 소부유근은 명심보감의 내용입니다. 그 누구도 예외 없이 正道를 가신다면 운과 실력이 없어도 작은 부자는 될 수 있습니다. 큰 부자를 꿈꾸시는 분은 순차적으로 먼저 작은 부자부터 되어야 하겠습니다.

아르바이트를 평생 하든, 장사를 평생 하든, 직장을 평생 다니든 평범한 철수, 영희인 우리는 무슨 일을 하든지 관계없이…. 매달 현금흐름을 만들어서…. 꾸준히 배당 우상향해 주는 기업 지분을 차곡차곡 사 모아서 복리로 자산의 우상향을…. 자본소득의 시스템 구축을 하십시오

시간의 자유

공간의 자유

만남의 자유

경제적 자유

4가지의 자유를 위해서 차곡차곡 쌓아가야 합니다. 미국 월, 분기, 반기, 년 배당 기업 및 배당 ETF와 한국 년, 분기, 중간 배당 기업들을 공부하셔서 사 모으세요. 그리고 배당 복리로 굴리세요. 우직하게 실행한다면 밝은 미래는 이미 정해져 있습니다.

보통 200~300만 원에서 400만 원 미만으로 근로소득이 생기기 때문에 이처럼 대충 적용하여 생애 주기별 월급 표를 만들었습니다. 20세 200만 원, 25세 250만 원, 30대 300만 원 고정, 40대 300만 원 고정, 50대 300만 원 고정, 60세 150만 원 고정, 65세 100만 원 고정, 70세 50만 원 고정, 75세 0원

40대~50대에 책정한 급여가 300으로 적기는 하지만 400으

로 고정 한다고 해도 크게 의미는 없습니다. 오직 근로소득만으로는 생계만 유지가 됩니다. 생애 주기별 배당소득, 자본소득을 구축하셔야 합니다.

매달 50만 원을 40년간 사 모을 때 배당 흐름을 수치화 한 것인데요. 도표에 적용한 것은 매년 5%의 배당률로 고정함으로써 아주 아주 보수적으로 잡았습니다. 왜 하루라도 빨리 젊을 때 시작해야 하는지를 잘 보여주는 복리의 마법 중 일부로 볼 수 있겠습니다.

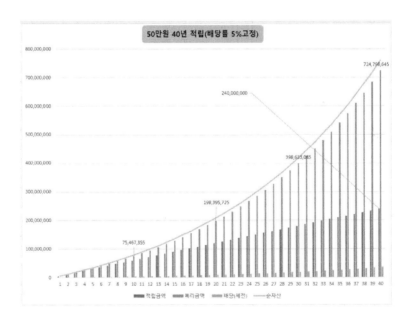

아주 보수적으로 잡았기 때문에 실제로 받는 배당금은 어떤 기업을 잘 선택했느냐와 보수적으로 배당을 잡은 걸 평균치로 적용했을 때 받는 배당금은 최소 2배~5배까지 더 큰 금액으로 받게 된다고 생각하시면 되겠습니다.

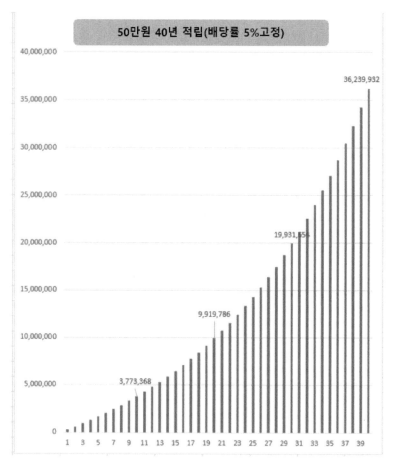

50만원 40년 적립(배당률 5%고정)

꾸준히 퇴직까지 묵묵하게 배당 우상향 기업의 지분을 50만 원씩 사 모으신다면 20년, 30년 즈음에는 년 배당으로 5,000만 원 이상 ~ 2억 사이 구축이 가능하실 겁니다. 20~30만 원도 좋습니다. 그저 꾸준히만 사 모으시고 복리로 굴리시면 만사가 평안할 것이옵니다.

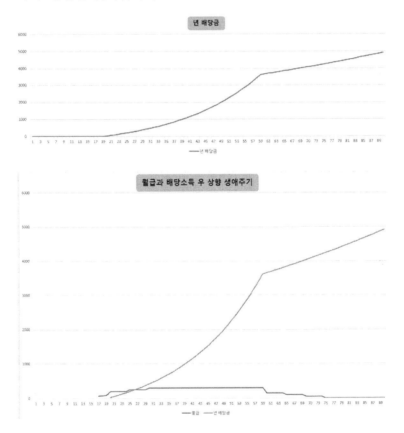

기업과 동행하는 삶

　자본주의…. 생산 수단인 기업의 지분과 건물주가 되기 위해 리츠 등을 모아가야 합니다. 기업이 매년 벌어들이는 순이익에서 주주에게 주식 1개(주)당 배당 성향에 따라 현금으로써 되돌려주는(이익공유)것이 배당이니, 이 배당의 크기를 꾸준히 증가시켜야만 합니다.

　고려, 조선 시대처럼 생산 수단인 토지를 갖지 못하고 현대판 소작농으로 계속 살아간다면 평생 세금과 지주의 손에 끌려 다녀야 할 것입니다. 기업의 CEO의 주식 1개의 가치와 나의 1개 가치는 똑같습니다. 단지 수량의 차이입니다. 근검절약해서 모아 갑시다.

　공부에 너무 스트레스받으며 하실 필요가 없습니다. 다만 학생의 신분일 때는 최선을 다하여 본연의 임무인 공부에 정성을 쏟아야 하고 훗날 성인이 된 후 취직하게 된다면 급여에서 떼어내서 기업의 주인이면서 건물주가 되십시오, 일과 행복한 삶 두 마리의 토끼를 잡으셔야 합니다.

　취업 전에는 용돈을 받아서 혹은 아르바이트를 하게 된다면 거기서 떼어내서 1~2개씩 모아가면 좋습니다. 더 어릴 때부터 부모님이 시작해주면 너무 좋습니다. 돌잔치 등으로 아이 앞으로 마련된 종잣돈 같은 걸로 시작하고 계속 매달 소액으로 넣어주시면 될 것 같습니다.

　세계적인 우량한 기업도 좋고 이제 막 성장하는 중소형 기업도 좋습니다. 임금노동자는 생산과 서비스를 제공하며 돈도 벌지만, 소비도 합니다. 버는 만큼 다 써버리면 남는 게 없고 장래가 밝지 못합니다. 현재의 기업의 지분을 팔지 않고 배당금만으로 생활할 수 있을 때까지 부지런히 생산 수단을 모으는 일을 게을리해서는 안 됩니다.

국내와 해외의 좋은 대기업, 중견기업에 모두가 원한다고 입사를 할 수는 없을 겁니다. 꼭 그 회사의 사원이 되어야 하는 것은 아닙니다. 그보다 높은 위치에 있는 주주가 되시면 간단히 해결될 문제이며, 배당으로 회사의 이익을 공유도 받으며 같이 개인의 가정도 함께 성장하는 겁니다.

학생의 신분에서 남들보다 더 노력하여 좋은 대기업, 중견기업에 직장을 잡아도 좋고, 일반 보통의 중소기업도 좋고, 하고 싶은 일을 하며 상대적으로 적게 벌어도 괜찮습니다. 기업의 지분만 꾸준히 사 모으세요.

삶의 본질적인 행복과 만족은 돈에서, 물질적인 풍요로움에서 절대적으로 오는 것이 아닙니다. 돈은 살아가는 데 있어서 하나의 수단으로 작용하고 없거나 부족하면 자본주의 시대라 불편하고 거추장스럽습니다. 돈으로 살 수 없는 가치 있는 것들도 많고 우선시 되어야 하는 것들이 많습니다.

그러니 너무 공부에만 올인하여 좋은 회사, 좋은 집, 좋은 〇〇…. 만을 인생의 최우선 과제로 선정하여 레벨업 하듯이 과도하게 쫓아가지 않아도 됩니다.

물 흐르듯이 국내와 국외의 좋은 기업들의 지분을 모으면서 유유자적 하고 싶은 거 하며 살며 매년 성장하는 기업과 함께 기업의 지분을 보유만 하고 있으면 내 가정도 같이 이익의 성과를 공유받습니다. 그게 자본주의 사회에서 더불어 같이 공생하는 길이기 때문에 미래 때문에 심각하게 고민을 하실 필요도 없습니다.

현재에 충실하셔야 하며 지금의 행복과 만족감, 자아실현의 삶을 위하여 살면 될듯합니다. 기업과 동행하면서 말이죠. 100세 인생 인생은 그리 길지 않습니다. 어릴 때 어르신들이 세월이 너무 빠르다 하는 말을 많이 하셨는데 최근 생각해보니 시간이 너무 빠르네요.

자기 나이의 속도대로 흘러가는 게 맞습니다. 군대 제대한 뒤로는 시간 흘러가는 속도가 거침이 없네요. 청춘, 젊음은 한번 가면 다시 되돌릴 수 없는 것입니다. 억만금과도 바꿀 수 없기에 현재 많은 경험과 자기 계발, 오락거리, 맛집 탐방, 문화생활, 취미생활 등을 하며 인생을 즐기시기를 바랍니다.

또한 건강, 가족, 행복, 친구, 동반자, 존중과 배려, 양보, 나눔, 봉사, 등 돈과 물질적인 것보다 중요한 가치관들이 많이 있으니 한번 사는 인생 즐겁고 행복하게 가치 있게 살면 좋을 것 같습니다.

미래는 정해져 있으니 기업과 동행하며 행복한 나의 삶을~

대기업 투자계획(5년~)		1064조
삼성	팹리스(설계) 시스템반도체 및 파운드리 등 바이오, AI 및 차세대 통신 등 신성장 IT(향후 5년간)	450조(국내360조)
현대	순수전기차(BEV) 및 수소전기차 등 전동화·친환경사업 로보틱스 및 미래항공 모빌리티등 신기술·신사업(2025년까지)	63조(국내)
	국내 전기차분야(2030년까지)	21조(국내)
	미국 조지아주 브라이언 카운티 전기차 전용 공장 및 배터리셀 공장설립, 로보틱스, 자율주행 소프트웨어 등(2025년까지)	13조(미국)
한화	에너지, 탄조중립, 방산, 우주항공 등(2026년까지)	37.6조(국내20조)
롯데	헬스&웰니스, 모빌리티·화학·식품 인프라(5년간)	37조
SK	FAP증설, 특수가스 등 반도체/소재분야, 전기차배터리설비, 수소, 5G, 디지털전환 (2026년까지)	247조(국내179조)
LG	배터리, 배터리소재, 전장, 차세대 디스플레이, AI, 빅데이터 등 미래성장분야 (2026년까지)	106(국내)
GS	에너지, 유통, 건설, 친환경, 신재생	21조(국내)
포스코	철강, 친환경소재, 미래기술, 식량, 에너지	53조(국내33조)
두산	SMR, 가스터빈, 수소연료전지	5조(국내)
CJ	콘텐츠·식품, 플랫폼	20조(국내)
코오롱	첨단소재,바이오,친환경에너지	4조(국내)

출처:연합뉴스

역대 추경 규모		281.5조
2009년	글로벌 금융위기 대응	28.4조
2013년	경기침체 대응	17.3조
2015년	메르스 사태 대응	11.6조
2016년	브렉시트, 구조조정 대응	11조
2017년	일자리창출, 일자리 여건 개선	11조
2018년	청년일자리, 구조조정지역,업종 대책	3.8조
2019년	일본 경제보복대응, 미세먼지저감 민생경제 지원	5.8조
2020년	1차-코로나 19 극복 방역체계, 소상공인 지원	11.7조
	2차-전국민 긴급 재난지원금 지급	12.2조
	3차-코로나19 조기극복, 포스트 코로나 지원	35.1조
	4차-코로나19 재확산 선별 재난지원금 지급	7.8조
2021년	1차-코로나 19 2차 맞춤형 피해 지원책	14.9조
	2차-피해지원, 방역, 백신, 고용, 민생안정, 지역경제 활성화	34.9조
2022년	1차-소상공인 및 방역지원	14조
	2차-손실보상	62조

자료: 기획재정부 / 출처. NEWSIS

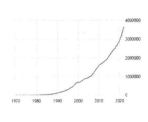

전 세계는 계속해서 돈을 찍어내고 있어 결국 풀린 모든 돈은 기업과 자산시장에 흘러 들어가게 됩니다. 과거에도 현재도 미래에도…. 성장, 발전하는 기업과 동행하십시오~

멀리 내다보기

많은 사람이 다들 100m 단거리 달리기만 원하고 이 시합에만 참여합니다. 중 장거리 달리기로 목적지까지 가는 건 지루합니다. 빠른 기간 내에 결과를 봐야 하고 마음이 조급하면 될 것도 되지 않을 듯합니다.

100m가 안 좋은 이유는 계획을 세울 수가 없고 시간도 없으며 전략 자체도 선택의 폭이 작습니다. 단기적으로는 결과가 반짝 좋을 수 있으나 장기적으로는 특정 소수의 초절정 무림 고수 빼고는 99.9%의 사람들이 나락으로 갑니다.

중장거리를 가야 하는 이유는 지난 수백 년 주식시장의 역사는 단기적인 매매보다 장기적으로 더욱더 확률을 높이고 순탄하게 우상향할 수 있기 때문이며 일회성의 수익이 아니라 안전하면서도 지속해서 자산의 우상향이 가능하기 때문입니다.

하루, 일주일, 한 달의 차트는 파도가 요동치지만 3년~10년 차트를 보면 찰나의 점입니다. 저평가 상황 혹은 적정 가치의 성장하는 기업을 여유를 가지고 더 높은 곳에서 더 멀리서 보아야 합니다.

단순히 시세차익을 원한다면 저평가&적정 가치 시점에 들어가서 3~5년 시간을 기다릴 수 있는 여유롭고 평안한 마음이 가능해야지만 백전백승의 수익을 낼 수 있습니다. 배당소득의 크기를 쌓아가는 것도 마찬가지이지만 시세차익만을 따라가는 것보다는 난이도가 낮으므로 추천해 드리는 이유입니다.

로우 리스크, 하이 리턴

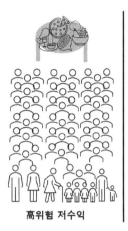

高위험 저수익

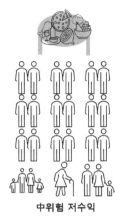

中위험 저수익

저위험 中수익

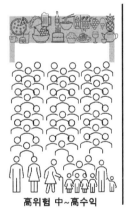

高위험 中~高수익

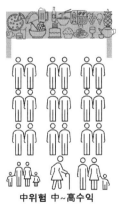

中위험 中~高수익

저위험 중~高수익

"**소문난 잔치에 먹을 것 없다**"라는 속담을 알지만, 실천에 옮기시는 분은 많이 없습니다. 대부분 사람은 "**고위험 저수익**"을 원시 본능에 이끌려 따라갑니다. 아는 것과 경험은 부족한데 욕심은 많고 나는 남과 다르다, 나만 소외될 수 없다는 마음이 복잡하게 칡넝쿨처럼 얽혀서 걸어가는 가장 잘못된 길입니다.

"저위험 저수익"은 예금, 적금과 채권이라고 개인적으로 보고 있습니다. 제가 가는 길이며 권장해드리는 길은 "**저위험 中~高수익**"입니다. 특히나 예금과 적금은 인플레이션의 방어가 불가능하며 장기적으로 계속 현금구매력이 하락하며 가만히 있어도 상대적으로 가난해지는 길입니다.

예로 월급이 300만 원이고 생활비가 150만 원 소비한다고 가정했을 때 지금으로부터 10년 뒤 내 씀씀이는 과거와 다를 바 없으나 물가가 전체적으로 올라서 생활비는 200~250만 원 소비되는게 인플레이션입니다. 급여는 300만 원에서 올라봤자 얼마나 올랐겠습니까?

그걸 상쇄하고 가정의 경제가 같이 플러스알파로 우상향하는 길이 바로 기업투자입니다. 계속 찍어내며 양적으로 팽창하는 현금을 흡수하는 곳이 바로 기업이기 때문입니다. 제품과 서비스를 제공 받으며 살아가는 게 국민이며 무한히 팽창하는 현금과 다른 유한한 자산시장에 흘러 들어갑니다.

기업투자를 하면서 변동성과 함께 위험성은 바늘과 실처럼 공존하게 됩니다. 변동성은 어찌할 수 없지만 이용해야 하며, 위험성은 개인의 역량에 따라 조절 가능한 영역입니다. 여기서 말씀드리는 위험성이란 시장의 변동성으로 인한 주가의 오르내림을 어떻게 대처하느냐, 어떻게 평가 손실금을 줄이느냐가 아니라 기업이 망해서 상장폐지 당하고 종이 쪼가리가 되는 것을 방지하기 위함입니다.

[변동성 개인이 조절 불가능]
심리적 문제
기업에 대한 믿음

[위험성 개인이 조절 가능]
안전마진
포트폴리오(분산)
지속적인 성장
급등, 테마, 고점 따라잡기

오르락, 내리락 주가가 파도처럼 요동치는 과정에서 주가가 오르지 않고 하락하거나, 횡보하면 투자자의 마음은 빨갛게 타들어갑니다. 기업의 게시판에는 욕과 비난이 쏟아지고, 난폭해지며 기업에 대한 믿음도 사라지는 경우가 많습니다.

기업의 잘 굴러감과 관계없이 시장에서 파는 사람이 많으면 주가는 단기적으로 하락한다고 말씀드렸습니다. 이걸 머리로는 이해하는 분은 소수 계시는듯한데 가슴으로 받아들이는 분은 진짜 더 없는 듯싶습니다.

물론 자사주 매입 및 소각, 배당정책 강화 등으로 주주의 가치를 높여주는 기업 운영을 해주면 주가가 오른다고는 하지만 그것은 차후에 문제입니다. 하는 그 순간 오르는 게 아니라 다음에 매수자가 많이 유입되면 그에 따라 주가가 오릅니다. 하지만 안 오를 수도 있습니다. 한참 뒤에 반영되기도 합니다.

좋은 정책을 펼치고 기업이 잘 굴러가도 팔아 재끼면 그냥 단기적으로는 하락합니다. 그게 수요와 공급의 원리에 따라서 비정상적인 주식시장의 생태계입니다만, 이것을 잘 이용하면 부를 이루는데 더 빠른 징검다리가 될 수 있겠지요.

시장의 비합리적인 가격의 변동성을 이용하면 위험성을 더욱 더 낮추는 요인이 됩니다. 주가의 변동성 때문에 기업에 대한 믿음이 무너지는 경우는 그 기업에 관한 공부와 산업에 관한 공부가 부족한 것인데 공부가 부족한 것도 아니라면 그것은 마음과 마인드의 문제입니다.

변동성을 견딜 수 없다면 투자에는 적합한 성격이 아닙니다. 한국 사람 대부분이 53p의 이유로 쉽지 않을 겁니다. 그리하여 평안하고 담대함과 마음의 그릇을 키우는 것이 매우 중요합니다. 숫자, 기술적으로 점수가 10~30점이라도 마음 점수가 100점이면 그분은 승승장구로 자산의 우상향이 가능합니다.

위험성을 최소한으로 줄이기 위해서는 안전마진이 가장 중요한 것 같습니다. 그 안에 모든 것이 함축되어 내포되어있는 종합 비타민이기 때문입니다. 분산하는 이유는 1개 기업에 내 모든 자산을 쏟아부었을 시 그 기업이 잘못되면 모든 게 물거품이 되기 때문에 적절한 집중, 적절한 분산으로 해야 혹시 모를 사태가 생겨도 상호보완이 됩니다. (예로 HDC현대산업과 오스템임플란트)

지속적인 성장을 보는 것은 기업이 지금 잘 벌고 있다면 과거는 대충 훑어보고 앞으로는 어떠할 것인지를 파악하여 망하지 않고 계속 잘 벌 것인지를 파악 해야 합니다. 비즈니스 모델이 이해하기 쉽고 단순하며 독점적이며 경쟁력 있는 그런 기업을 투자 하는 게 좋습니다.

또한 급등, 테마, 고점 기업 따라잡기만 안 해도 위험도는 팍 줄어들고 안전마진도 늘어나며 기대수익의 구간은 반대로 팍 상승하게 됩니다. 인기가 많고 문전성시를 이루는 기업일수록 그러합니다. 소외되고 관심 없는 곳에서 위험은 낮고 큰 기회가 기다리고 있습니다.

차려놓은 음식은 정해져 있는데 사람이 많이 몰리면 당연히 1인당 먹을 게 없어집니다. 물론 이것은 제로섬 관점에서 말씀드리는 겁니다. 투자자의 관점에서는 보유만 하고 있으면 투자자 모두 다 같이 부자가 됩니다.

급등, 테마, 고점 기업에 하이에나처럼 달려드는 순간 제로섬 게임이 되면서 미리 보유하고 있던 올바르게 투자하는 사람들의 주머니는 두둑해지나 뒤늦게 달려든 사람들은 소수만이 잔치 음식을 먹을 수 있습니다.

안전마진과 투명 유리 바닥

이 책의 초판을 처음 접했던 때는 1950년 초, 내 나이 열아홉 살이었다. 초판을 읽은 후 나는 그때까지 출간된 투자 서적 중 이 책이 최고라고 생각했다. 그 생각은 지금도 변함이 없다.

성공적인 투자를 이끄는데 필요한 것은 높은 지능지수나 비범한 사업적 통찰력 또는 은밀한 내부 정보가 아니다. 더 중요한 것은 의사결정에 도움이 되는 올바른 지적 체계를 쌓고, 그러한 체계가 흔들리지 않도록 **감정조절 능력**을 키우는 것이다.

그레이엄이 제시하는 행동 지침과 투자원칙, 특히 8장**(꾸자사모)**과 20장**(안전마진)**의 소중한 조언에 귀를 기울여라

-워런 버핏-

현명한 투자자 책의 서문입니다. 워런 버핏이 서문으로 소감을 남겨준 글입니다. 강조하는 것은 5가지

①안전마진

②꾸자사모

③감정조절 능력

④행동 지침과 투자원칙

⑤의사결정에 도움 되는 올바른 지적 체계

[안전마진]

가상의 유리 바닥
손실의 확률을 최소화
수익의 확률을 최대화
하방은 막혀있는 상태
상방은 무한히 열린 상태
적절한 분산과 적절한 집중
질 수 없는 전투, 전쟁의 전제조건
보수적이고 신중한 사람에게만 보임
주가 하락할수록 가치는 증가하는 포지션
주가 하락할수록 즐겁게 추가 매입 가능한 포지션

저평가의 구간
가치투자의 구간
차트상 저점 및 횡보
배당의 점진적인 상승
매출, 이익, 배당의 꾸준함
많은 이들이 별 관심이 없는 상태
짭짤한 배당률로 지지하는 바닥 1~8%(상황마다 다름)

"**위험은 주식에 있는 것이 아니라 자기 자신에게 있고, 성공적인 투자자는 위험을 피하지 않고 관리한다**"라고 벤저민 그레이엄의 책에 있는 한 구절입니다. 안전마진은 마음이 평안하게 만들어주며 목적지까지의 여정에 있어서 즐겁고 행복한 여행을 하게 해줍니다.

안전마진을 두껍게 깔아두고 진입을 하여도 마이너스 50% 이상의 하락을 염두에 두고 투자를 하여야 합니다. 실제로 두껍게 깔았다면 코로나, 리먼 사태, 전쟁 등 특별한 상황이 아니라면 보통의 상황에서는 잘 일어나지 않습니다.

그래도 최악의 상황과 최상의 상황 두 경우를 모두 고려하여 그러한 상황에서 미리 판을 짜고 들어가야 할 것입니다. 안전마진을 기초로 하는 투자법에는 판 짜고 계획하기가 쉽습니다.

주가가 하락 및 횡보는 싸게 많은 수량을 매집하고 목표 수량까지 담기 위한 기회라고 언급한 적이 있습니다. 이 내용은 안전마진과 합쳐졌을 때 그 시너지가 폭발합니다.

①기업이 잘 굴러가고 있는데 사람들이 내다 팔아서 주가가 내려가는 경우

②기업의 실적이 최근 들어 예전보다 좋지 못하여 사람들이 내다 팔아서 주가가 내려가는 경우도 마찬가지입니다. 단 지금은 일시적으로 잠시 안 좋을 수 있으나 다시 다음, 다다음 분기 등 시간이 지남으로 회복세로 돌아서고, 성장의 가능성이 충분히 있는 상황

매달 계속 추가로 매수해야 합니다. 내가 생각해놓은 비중으로 담을 때까지 부지런히 말입니다. 제가 아는 게 없어서 쉽게 설명해 드릴 수 있는 여러 안전마진 중 배당관점으로 하나를 예로 들어보면

주가 10,000원 / 배당금 400원(배당률 4%) 가정

주가 9,000원으로 하락 시 ➔ 배당률 4.4%
주가 8,000원으로 하락 시 ➔ 배당률 5%
주가 7,000원으로 하락 시 ➔ 배당률 5.7%
주가 6,000원으로 하락 시 ➔ 배당률 6.6%
주가 5,000원으로 하락 시 ➔ 배당률 8%
주가 4,000원으로 하락 시 ➔ 배당률 10%

재무구조 올바르고 좋은 기업이라면, 기업이 잘 굴러가는데 팔아 재끼는 거라면, 내년에도 같은 배당 혹은 증감해서 배당을 줄 것이라는 믿음과 확신이 과거의 데이터와 현재의 데이터로 예측할 수 있다면 기업의 본질 가치를 아는 사람이 기업의 지분을 사러 들어옵니다. 지금 당장은 아니더라도 추후 스마트 머니가 주가 하락 시 가만 놔두질 않습니다.

결국에 자금이 들어와 주가는 다시 상승하여 제자리로 돌아오거나 장기적으로 기존보다 더 뛰어서 올라가게 되어있습니

다. 기업을 적절하게 공부하여야 좋은 기업을 선별하고 고를 수가 있습니다. 한 겹, 두 겹, 세 겹…. 두텁게 안전마진을 바닥에 깔수록 비례적으로 내가 단기적인 변동성 말고 장기적으로 실패하지 않을 확률이 쭉쭉 올라가게 됩니다.

저는 기업투자에 입문과 동시에 안전마진과 투명 유리 바닥에 관심을 가지게 되었는데요 그 배경에는 투자에 입문시켜 준 스승인 그 친구가 처음 소개해 준 게 팟빵 케스트의 신과 함께의 정채진 편이었기 때문입니다.

그 친구의 투자 멘토는 정채진으로 투자 스타일도, 투자 성과도 멘토와 같이 승승장구하며 잘 우상향하고 있습니다. 경제적 자유를 이루었고 현재는 다니는 직장은 그만두고 투자와 이것저것 사업 관련하여 흥미를 느끼고 실천하고 있는 배울 점 많고 저에게 목표와 동기부여가 되는 긍정적인 자극을 주는 친구입니다.

처음에는 투명 유리 바닥 얘기를 들어도 모르겠고 찾는 방법도 모르겠고 내가 어찌할까 싶었지만 3년 7개월간 지속해서 투자에 관련된 자료들과 영상 기업 공부를 해보니 의문들이 확신으로 다가왔습니다.

안전마진은 보수적인 분들과 큰 수익을 원하는 분, 양쪽 모두에게 안전장치를 해줄 수 있다고 생각합니다. 잃지 않으며 손실을 최소화하며 적정수익이든지, 큰 수익이든지 양방향으로 어디든 적용이 되는 전천후 전략 중 하나입니다.

그러므로 워런 버핏과 벤저민 그레이엄이 강조하는 부분이고 저 역시 경험으로 확인했기 때문입니다. 스타크래프트에서 본진이 탄탄해야 게릴라전으로 공격하든, 전면적으로 물량전을 펼치든, 수송기로 허를 찌르든 마음 놓고 모든 전략을 펼칠 수가 있습니다. 본진, 즉 투자의 뿌리를 튼튼하게 해주는 것이 안전마진과 여러 위험성을 줄여주는 전략이라고 생각합니다.

[안전마진의 핵심]
보수적으로 진지를 방어하고 공격
하방이 막혀 최대 손실은 100%
상방은 무한히 뚫려있는 기회의 장
특별한 경우 제외하고는 승승장구

투자는 기다림이다.

연어 잡는 곰

기업과 경영자, 산업 등을 자세히 조사하고 분석하고 판단한 후 투자를 결정하고 포트폴리오 짜서 기업의 지분을 사 모으는 중이거나 목표 수량까지 사 모았으면 이제 남은 것은 기다림입니다.

비자발적 보유가 아닌 본인의 의지와 계획대로 장기 보유하며 3~5년 정도를 기다릴 능력만 갖추어진다면 차곡차곡 단계적으로 몇 년마다 자산 퀀텀 점프를 하며 우상향할 수 있는 여건이 마련되어집니다.

이 방법이 아니더라도 여러 다양한 전략을 취하는 데 있어 기다림은 기초능력이자 필수요건이기 때문인데 특히 꾸준히 기업 지분을 사 모으며 복리를 키우는 작업에 있어서 반드시 필요한 능력입니다. 단순하고 누구나 할 수 있지만 아무나 못 하는 것 중 하나가 바로 기다림인데요. 세상 모든 것, 상황에 적용이 되는 기다림이 투자에도 역시 필요합니다.

모소 대나무라고 있는데 이 대나무는 씨앗이 뿌려진 후 4년 동안에 단 3cm만 자랍니다. 그러다가 5년이 되는 해부터 매일 30cm씩 성장하여 6주 차가 되면 울창한 대나무 숲을 이루게 된다고 하네요

대나무조차 큰 성장을 위해서 4년이라는 시간 동안 땅속에 깊고 튼튼하게 뿌리를 내려 다가올 성장을 준비했던 것입니다. 기업도 마찬가지입니다. 다만 기업은 더 다양한 변수와 상황, 조건이 부합해야 하며 성장하는 기간은 몇 년부터 수십 년에 이르기까지 넓습니다.

단기매매가 아닌 장기적으로 기업과 동행하며 성과와 과실을 온전히 얻는 소수의 현명한 사람이 세월이 지남에 따라 부의 증가 속도는 엄청날 것입니다.

사람들은 서서히 부자가 되는 것보다 당장 다음 주 복권에 희망을 건다. 하지만 부자가 되는 것은 아이의 키가 자라는 것과 같다. 서서히 그러다가 어느 순간 훌쩍 자라있다.
-유머라면 유대인처럼(탈무드)-

복리와 시간의 마법

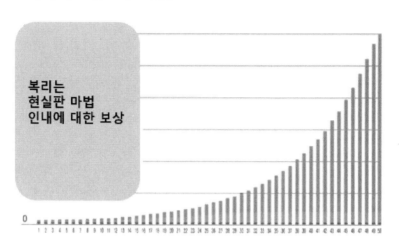

복리는
현실판 마법
인내에 대한 보상

차곡차곡 금자탑을 쌓아야 합니다.
시작인 아래가 탄탄하게 안정성 있게
기본이 튼튼하게 깔려 있어야 합니다.
그다음 위에, 또 그다음 위에, 더 위에
순차적으로 안정성 있게 쌓아야지만
무너지지 않는 공든 탑을 쌓을 수 있습니다.

복리는 현대판 마법입니다.
복리는 인내에 대한 보상입니다.
복리는 누구나 누릴 수 있습니다.

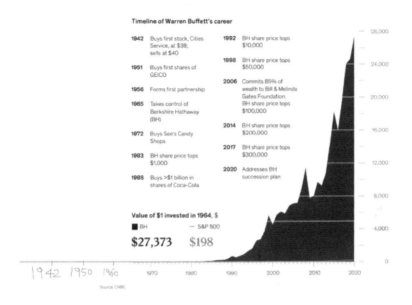

Timeline of Warren Buffett's career

1942 Buys first stock, Cities Service, at $38; sells at $40

1951 Buys first shares of GEICO

1956 Forms first partnership

1965 Takes control of Berkshire Hathaway (BH)

1972 Buys See's Candy Shops

1983 BH share price tops $1,000

1988 Buys >$1 billion in shares of Coca-Cola

1992 BH share price tops $10,000

1998 BH share price tops $50,000

2006 Commits 85% of wealth to Bill & Melinda Gates Foundation; BH share price tops $100,000

2014 BH share price tops $200,000

2017 BH share price tops $300,000

2020 Addresses BH succession plan

Value of $1 invested in 1964, $

■ BH — S&P 500

$27,373 $198

Source: CNBC

1942년 11살에 투자를 시작하고, 1969년 10억(37살) 달성, 현재 그의 재산은 2021년 기준 1,140억 달러 한화로 141조 2,460억입니다. 재산의 99%는 50세 이후에 얻었습니다.

더 일찍 시작했어야 합니다.
다시 태어난다면, 5살이나 7살쯤에 시작하고 싶군요
-워런 버핏-

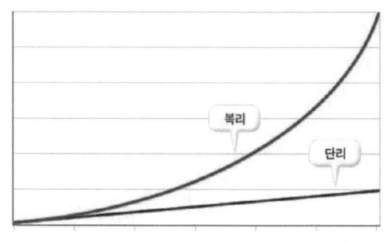

출처:네이버

복리란 중복된다는 뜻의 한자어 복(復)과 이자를 의미하는 리(利)가 합쳐진 단어로서 말 그대로 이자에 이자가 붙는다는 뜻입니다. 복리는 투자 기간이 길어질수록 원리금이 기하급수적으로 증가하며 위력을 발휘하게 됩니다.

단리 경우는 일정한 비율로 증가합니다. 복리의 경우는 초기에는 증가 폭이 크지 않지만, 기간이 길어질수록 기하급수적으로 증가하여 연 4% 수익률일 때 100만 원이 50년 후에는 710만 원에 달하게 되어 300만 원인 단리의 2배가 넘게 됩니다.

또한 투자 기간이 긴 경우에는 이러한 복리의 위력이 작은 수익률 차이에도 크게 발생하는데요. 100만 원을 30년 동안 투자했을 시 연 평균 수익률이 4%, 8%, 12%인 경우를 비교해 보면 복리의 경우 투자의 결과가 수익률에 비례하지 않는다는 점입니다.

예를 들면, 수익률이 연 4%에서 두 배인 연 8%가 되면 3백만 원이 1천만 원이 되고, 다시 세배인 연 12%가 되면 투자자산은 거의 30배인 2천9백만 원이 됩니다. 장기 투자 시에는 단 1%의 수익률의 차이도 결과는 크게 달라집니다.

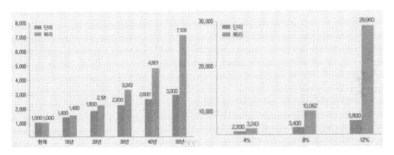

출처:네이버

예전 80년대, 90년대 초에는 예·적금만으로 이자율이 컸기 때문에 자연스레 부가 축적이 되었으나 현재는 금리가 낮고 인플레이션 때문에 통장에 현금으로 보관해두면 현금구매력이 시간이 지남에 따라 하락합니다. 돈을 전 세계적으로 찍어내고 있기 때문이고 자산의 가격은 상승하게 됩니다.

기업투자로 배당 우상향의 누적 복리의 과실과 기업가치 상승에 따른 주가의 우상향 복리 이 두 가지가 기업투자의 핵심입니다. 보다 효과적이고 강력한 복리를 위해 즉 눈덩이, 스노우볼을 굴리기 위해 종잣돈이라는 굴리는 돌의 크기를 키울수록 기하급수적으로 복리는 시간을 만나면 미친 듯이 급상승합니다.

　다시 언급하면 보수적으로 30년간 배당과 주가는 고정이고 배당 우상향이 아니라고 가정할 시 매달 50만 원씩 30년을 사 모으면 아주 놀랄만한 결과가 나옵니다. 초초초 보수적으로 최 저값으로 기준 잡고 한 계산입니다.

50만원	적립금액	복리금액	배당(세전)	순자산
1	6,000,000		300,000	6,300,000
2	12,000,000	12,300,000	615,000	12,915,000
3	18,000,000	18,915,000	945,750	19,860,750
4	24,000,000	25,860,750	1,293,038	27,153,788
5	30,000,000	33,153,788	1,657,689	34,811,477
6	36,000,000	40,811,477	2,040,574	42,852,051
7	42,000,000	48,852,051	2,442,603	51,294,653
8	48,000,000	57,294,653	2,864,733	60,159,386
9	54,000,000	66,159,386	3,307,969	69,467,355
10	60,000,000	75,467,355	3,773,368	79,240,723
11	66,000,000	85,240,723	4,262,036	89,502,759
12	72,000,000	95,502,759	4,775,138	100,277,897
13	78,000,000	106,277,897	5,313,895	111,591,792
14	84,000,000	117,591,792	5,879,590	123,471,382
15	90,000,000	129,471,382	6,473,569	135,944,951
16	96,000,000	141,944,951	7,097,248	149,042,198
17	102,000,000	155,042,198	7,752,110	162,794,308
18	108,000,000	168,794,308	8,439,715	177,234,023
19	114,000,000	183,234,023	9,161,701	192,395,725
20	120,000,000	198,395,725	9,919,786	208,315,511
21	126,000,000	214,315,511	10,715,776	225,031,286
22	132,000,000	231,031,286	11,551,564	242,582,851
23	138,000,000	248,582,851	12,429,143	261,011,993
24	144,000,000	267,011,993	13,350,600	280,362,593
25	150,000,000	286,362,593	14,318,130	300,680,723
26	156,000,000	306,680,723	15,334,036	322,014,759
27	162,000,000	328,014,759	16,400,738	344,415,497
28	168,000,000	350,415,497	17,520,775	367,936,271
29	174,000,000	373,936,271	18,696,814	392,633,085
30	180,000,000	398,633,085	19,931,654	418,564,739

단순 계산식으로 30년간 누적 배당 합 2억3천8백만 원이고 30년째에 받는 배당금은 년 2,000만 원이네요. 매년 배당의 우상향을 적용한다면 년 2,000만 원에서 최소 3배~9배를 곱해주면 실제로 받는 배당금이라 생각하시면 될듯합니다.

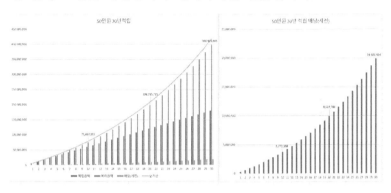

주가 하락 시

배당의 매년 증감 시

　저렴하게 수량 확보하며 싸게 많이 사 모으면 복리의 효과는 더욱 커질 것입니다. 제일 이상적인 것은 거치식+적립식이 빠른 길이지만 그것이 여의치 않으면 0원에서 첫걸음으로 적립식으로라도 차근차근 시작하면 충분합니다. 30~50만 원을 기본적으로 추천해 드리는데, 10~100만 원 사이를 꾸준하게 퇴직까지 사 모으시면 되겠습니다.

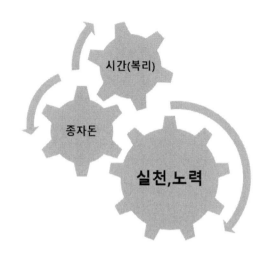

　당장 내일, 일주일, 한 달, 몇 달 내로 모든 것을 이루려 트레이더 및 단기매매자로 접근을 하는 데 현실의 결과는 좋지 못합니다. 제대로 하는 사람이 진짜 드뭅니다. 2,100여 개의 상장한 아무 기업 게시판에 들어가서 글들을 한번 훑어보시면 도박판이로구나 라고 바로 느끼실 겁니다.

　제대로 된 길로 실천하고 복리의 이점을 누려야 하는데, 3가지가 만나서 시너지를 이룰 때 복리의 효과를 극대화해줍니다.

종잣돈(굴리는 돈의 크기)
시간(복리)
꾸준한 실천과 노력

기업투자는 농사와 같다.

콩 심은 곳에 콩이 자랍니다.

팥 심은 곳에 팥이 자랍니다.

콩 심은 곳에 팥이 자라지 않습니다.

팥 심은 곳에 콩이 자라지 않습니다.

투기자로 접근하면서 좋은 결과를 바랍니다.

매매자로 접근하면서 좋은 결과를 바랍니다.

이는 어불성설이며 이치에 맞지 않습니다.

투자자로 접근하셔야 합니다.

스스로 투자라 칭하며 사고팔면서 단기적으로 게임을 하는지 잘 생각해보시고. 투자를, 사업을, 동업을 하시기 바랍니다. 주식시장은 평범한 우리가 부를 이룰 기회의 장입니다. 문전성시를 이루는 맛집이나 서민 갑부 TV 프로그램의 서민 갑부들을 생각해보십시오.

그분들한테 갑자기 가서 우리 동업합시다. 하면 동업해 주겠습니까? 맛집 사장들, 서민 갑부들이 성장하며 부를 일구어 나가는 그 사업체에서 월급 받는 직원이 아닌 동등한 지위에서 기업의 지분 수량(투자금)에 따라 그 성과와 과실을 같이 누리며 부를 쌓아가는 기회를 잡을 수 없습니다.

조선 시대 등 과거와는 다르게 오늘날에는 상장된 회사들의 기업 지분을 휴대전화, 컴퓨터로 언제 어느 때고 해외, 국내의 지분을 살 수 있는 환경이 갖추어졌습니다. 그러하기에 그 누구라도 입맛대로 내가 동업하고픈 회사의 주주가 되어 그 성과와 과실을 같이 나눠가질 수 있게 되었습니다.

안전마진 깔고서 동업이며 농사짓듯이 해야 합니다. 이런 마인드로 접근해야지만 백전백승으로 세월이 지남에 따라 안전하게 우상향할 수가 있고 투자의 근본 자체가 누구나 알듯이 성과 이익공유, 동업, 간접적으로 하는 사업입니다.

봄에 씨뿌리고 여름을 지나 가을에 수확하는 벼나 다른 모든 농작물의 수확 과정을 투자에 빗대어 투영하면 됩니다. 시간과 정성, 노력이 들어가야 하며 모든 것을 쏟아붓는 과정에서 수확의 시기까지 기다려야 합니다.

투자는 원인에 따라 결과의 값이 도출되는 것과 비슷하며 농사와도 일맥상통합니다. 어떤 씨앗(기업)을 선별하여 어떤 토양(투자금의 성질)에 심느냐와 매일, 매주, 매월, 분기별, 6개월 등 시기별로 작물을 돌보고 관리하면서 정성을 쏟아야 하는데 그 작업은 수확할 때까지 반복됩니다.

그냥 방치하면 잡초가 무성하게 올라와 작물이 제대로 자라 풍작이 되는 것을 방해하게 될 것이며 너무 과잉으로 돌보면 농부가 너무 힘들 것입니다. 그리하여 적절한 선에서 효율적으로 관리해야 합니다.

토양의 면적 또한 유한하므로 농작물을 심는 간격 또한 넉넉하게 주어 골고루 잘 성장 할 수 있도록 해야 합니다. 너무 다닥다닥 근접하게 심으면 A급 완전체로 성장하기에 다소 힘들수 있고 또 너무 간격을 벌려놓으면 땅을 효율적으로 쓰지 못하게 됩니다.

작물의 종류별로 수확의 시기와 관리하는 법은 모두 천차만별입니다. 하지만 수확하기까지 그 과정과 노력, 열정, 시간, 인내 등은 모두 같기에 파종부터 수확까지 성공의 경험을 크든 작든 쌓아나가시면 장차 훌륭한 부농이 될 수 있다는 생각이 듭니다.

스마트팜과 신문물을 잘 활용할 수 있는 효율적이고 훌륭한 농부가 되어야 합니다. 훌륭한 농부가 될지 그저 그런 농부가 될지는 온전히 본인에게 달려있습니다.

투자는 곱하기다.

장사하는 거 아니고, 사업하는 거 아니고 단순 직장인으로 오로지 근로소득으로만 퇴직까지 보낸다면 노후 준비도 안 되고 극단적으로 하루살이 인생이 되며, 퇴직 후 30년간 밥값만 1인당 수억이라고도 언급해 드렸습니다.

평범한 사람이 부를 이루는 가장 빠른 길은 장사 및 사업인데 저와 같이 그럴 깜냥이 되지 않는 분들은 다른 방법으로 길을 모색 해야 합니다. 단순히 예금, 적금으로는 답이 없습니다만 대부분 only 예, 적금으로 하는 분이 계십니다. 그렇게 모은 돈으로 부동산 및 주식 등 자산을 사는 테크트리를 타면 굿입니다.

단순히 예금, 적금을 놓고 볼 때 이 방법은 더하기(+)입니다. 평생 더하기로는 인플레이션을 이기질 못하며 절대로 부를 이룰 수가 없습니다. 1~3% 금리의 함정에 빠져서 허우적대고 있을 때 우리가 은행에 맡긴 돈을 기업과 현명한 사람들이 대출로써 자산을 사거나 빚을 좋은 곳으로 활용합니다.

원치 않는데도 굳이 빚을 활용하라는 이야기가 아니라 내가 은행에 열심히 예금, 적금하며 보내준 돈을 은행은 기업과 사업가, 현명한 사람들에게 자금을 융통시켜주며 더 많은 이윤을 남기는 구조입니다. 그 돈을 가져간 기업과 현명한 사람들은 대출이자보다 더 ROE를 높게 이익 창출을 하여 승승장구하는 구조입니다.

일정 목돈을 모아서 계획된 어느 곳에 사용하기 위해서 모으는 것은 굿입니다. 예를 들어 결혼자금을 모으는 것, 비상금, 훗날 집을 위해서 필요한 청약금, 대학교 학비, 따로 3천, 5천, 7천, 1억 등 여윳돈 모아놓기 등을 위해서 라던지 당연히 하셔야 하고 예·적금만의 기능이 있으므로 진행하시면 됩니다.

다만 그거와 별개로 기업의 지분을 모으는 쪽으로도 병행하셔야 한다는 겁니다. 기업의 지분을 모으는 것은 곱하기, 복리를 가속화 시켜주는 데 지대한 역할을 합니다. 개인적으로는 뺑튀기라고 말씀드리고 싶습니다.

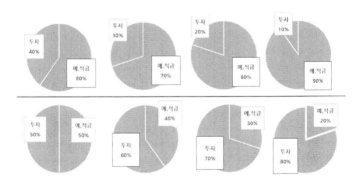

한정된 월급에서 생기는 여윳돈으로 미래의 인생 계획에 따라 투자와 예, 적금의 비율을 잘 선정하여서 꾸준하게 장기간 마라톤을 하시면 되는데 최종적으로는 더하기와 곱하기 두 마리 토끼를 다 잡으시면 됩니다.

기업투자는 배당 우상향으로 해마다 늘어나며 누적되는 배당의 복리와 훗날 덤으로 얻는 시세차익의 복리, 굴리는 돈의 크기가 쌓이며 커짐에 따라 비례하여 얻어지는 수익 크기의 복리 효과 등 시간이 덧붙여지면 큰 곱하기로 세월이 지남에 따라 자산의 단계적 증감이 가능하게 됩니다.

1, 2, 3, 4, 5, 6, 7, 8, 9, 10, 11, 12, 13, 14..............
1, 2, 3, 4, 5, **10**, 11, 12, 13, 14, 15, **30**, 31............

나쁜 빚은 내 주머니에서 새 나가는 돈이다. 카드 할부금, 현금서비스, 대출이자 따위이다. 좋은 빚은 내 호주머니로 유입되는 돈이다. 빚을 얻어 산 집으로 월세를 받게 되어 이자를 빼고 들어오는 돈이 있다면 그건 좋은 빚이겠다.
나쁜 빚을 줄이고 좋은 빚을 늘려 활용하라
-블로그 레이달리오님-

노력과 경험, 운, 꾸준함, 그리고 시간
거기다 좋은 기업이 비빔밥처럼 어우러진다면
차곡차곡 우상향으로 금자탑을 쌓을 수 있습니다.

마음의 그릇 키우기(心)

　아무리 강조해도 지나치지 않을 마음을 다스리는 마음수련입니다. 일자무식이라도 이 능력만 갖출 수가 있다면 최종 목적지까지 가는 우등버스나 기차를 탑승한 거라 생각해도 무방합니다. 기업분석과 숫자 등은 내가 할 줄 몰라도 올바르게 제대로 하는 분들, 즉 남의 도움을 받을 수가 있기 때문입니다.

　아무것도 몰라도 여러 사람의 의견, 객관적인 정보를 바탕으로 논리적, 이성적, 상식적으로 기업과의 동행 여부와 비중 유무 등을 현명하게 합리적인 판단을 내리면 됩니다. 마음수련+내가 하는 조사+다른 사람의 조사 참고 세 가지가 조화롭게 융합되어 투자의 결정에 녹아든다면 가장 이상적이라 봅니다.

　투자에 있어 최고의 덕목은
　단연 인내심과 마음수련입니다.

가치투자는 이해하기 쉽지만 실천하기 어렵다. 정작 어려운 것은 분석 기술이나 계산 방식이 아니라 원칙을 지키고 인내하며 판단하는 것이다

-세스 클라만-

노련한 투자자는 일시적인 주가 변동 때문에 자신의 결정을 크게 바꾸지 않는다. 대개는 자신이 사거나 팔고 싶은 수준 근처로 돌아올 때까지 기다린다. 조바심 내지도, 서두르지도 않는다. 왜냐하면 도박사나 투기꾼이 아니라 투자자이기 때문이다.

-장 폴 게티-

가치투자로 성공하는데 필요한 가장 중요한 자질은 인내심, 인내심, 또 인내심이다. 거의 모든 투자자가 갖지 못한 자질이다.

-피터 컨딜-

주식시장은 인내심 없는 사람의 돈이, 인내심 있는 사람에게 흘러가는 곳이다. 오늘, 내일, 다음 주, 내년 주가는 중요하지 않습니다. 중요한 것은 5년이나 10년에 걸쳐 나타나는 주가입니다.

-워런 버핏-

바보가 투자하는 기업 게시판에 달린 댓글입니다.

기다리기 싫다는 것입니다.

언젠가 오를 거 확신하시면 기다려야죠.

기다리기는 싫고 수익은 내고 싶고 욕심이 과합니다.

이룰 수 없는 것을 바라고 계십니다.

무조건 며칠 만에, 몇 주 만에, 먹으려 합니다.

꾸준히 손실 보는 평범한 사람들의 심리입니다.

2030년까지 바보는 기업과 동행 할 것이며

저의 목표 주가는 10,000원~20,000원(시총 5,000억)

1000만원 계좌 90만원 벌 때 10억 계좌는 4억을 벌었다

작년에선 '큰 장'의 승자는 실탄이 10억원 이상인 큰손들이었다. '큰돈은 시장이 벌어준다'는 증권가 속설처럼, 큰손들은 강세장을 자기 편으로 만들면서 돈을 벌었다. 24일 본지가 NH투자증권에 의뢰해 지난해 주식 거래 내역이 있는

주식투자, 부자처럼 해야 돈 번다

큰손, 삼전 등 대형주 사서 묵힐때
작은손, 바이오 폭짓점서 사고
급등락주·인버스 투자해 '쓴맛'

의견도 있다.

주병진 NH투자증권 반포WM센터장은 "지난해부터 국내 증시는 삼성전자와 같은 대형주 위주로 상승 중인데, 이런 시장 특성과 자산가들의 투자 성향이 잘 맞아떨어졌다"면서 "부동산으로 돈 번

출처:조선일보

마음

사람이 본래부터 지닌 성격이나 품성

감정이나 의지, 생각을 느끼거나 일으키는 작용이나 태도

생각, 감정, 기억 등이 생기거나 자리 잡는 공간이나 위치

수련

인격, 기술, 학문 따위를 닦아서 단련함

IMF 금융위기 때 사둔 삼성전자 주식을 20년 넘은 지금까지 보유하고 있는 자산가도 보았습니다. 일반 고객은 투자할 때 단기간에 승부를 보길 원하지만, 부자들은 시간을 자기 편으로 만들어 투자한 겁니다.

-김경민 NH투자증권 부산금융센터 차장-

10년 넘게 연평균 31% 수익률을 올리는 월스트리트 최고의 펀드 매니저 짐 크레이머는 주식투자로 돈을 벌지 못했다고 하소연하는 사람들에게 이렇게 물어봅니다. "얼마 동안이나 투자를 했나요? 20년 혹은 30년 동안 꾸준히 투자한 사람이 있나요?" 아마도 없을 겁니다.

출처:정재학 / 저자:도서출판 길벗
주식 부자 만드는 하루 한마디
블로거 압권님 게시글 발췌

정말 주옥같은 말입니다. 국내, 국외의 옛 현인과 살아있는 현인들의 공통적인 가르침이 있습니다. 그것은 꾸자사모, 안전마진, 마음수련입니다. 꾸준한 실천과 인내는 너무나 중요하다는 것을 모든 투자자가 알고 있지만, 실천하는 사람은 극소수입니다.

벤저민 그레이엄의 가르침을
사람들이 못 받아들이는 이유는 조급함 때문
-이언투자자문 박성진-

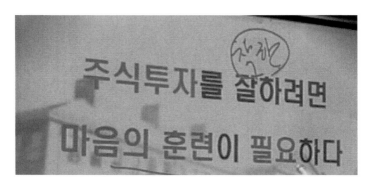

단타 매매를 버려라

급등, 테마주를 멀리하라

단기매매는 노후를 망치는 지름길

사나 봐라 사나 봐라

급등, 테마주, 잡주 사나 봐라

파나 봐라 파나 봐라

배당성장의 좋은 기업지분 파나 봐라

마음의 빌딩을 짓고 수련하라

본능억제, 탐욕 억제

빙판길에 급히 가려다 아주 잘못된 길로 가버립니다.

적절하게 건강한 욕심과 현실적인 목표를 가져야 합니다.

투자자로의 마음 그릇을 키우기는 쉽지 않습니다. 본능과 역행하는 일이며 기준점이 되는 방법이 정해진 것도 없습니다. 다만 긍정적인 사고와 생각, 존중과 배려의 이타적인 마음가짐, 옛 현인들과 현대의 현인들의 책, 좋은 글귀와 조언을 자주 보고 내 것으로 만들면 점진적으로 키워지는 듯싶습니다.

속담과 사자성어
탈무드, 이솝우화
명심보감, 논어, 주역
투자 현인들의 책
명상

옛날과 현대의 현인들, 옛 조상들의 삶의 지혜와 철학 등을 담은 속담, 사자성어, 탈무드, 이솝우화, 명심보감, 논어, 주역, 현인들의 책들은 우리에게 삶과 투자에 있어서 많은 교훈을 줍니다.

　마음공부+기업 공부를 통한 투자 공부를 꾸준히 하여 투자자로서의 그릇 크기를 키워야 합니다. 개인마다 눈에는 보이지 않지만 소주잔(57mL)에서부터 양동이(15L), 고무대야(250L)까지 마음의 그릇이 다양할 것입니다.

　선천적인 것도 있지만 후천적으로 이 그릇의 크기를 키울 수 있어서 얼마만큼 노력하고 배우고 극복하느냐에 달려있습니다. 주식시장에서 수익의 기회(비)는 누구에게나 똑같이 오지만 그것을 어떻게 알아차리고 이용하고 활용하느냐는 오로지 개인에게 달려있습니다.

　비가 항상 전국적으로 동시에 내리면 아무 문제가 없지만 비는 특정 지역에 국소적으로 내리기도 하며 종일 계속해서 내리기도 하지만 간헐적으로 내리기도 합니다. 이는 시장의 2,100여 개의 다양한 기업에서 각기 다른 시점에 시세가 나는 것과 비슷하다 할 수 있겠습니다. 우리는 부지런히 그릇의 크기를 키우고 많은 빗물을 받아 저장하여 풍요롭게 살 수 있도록 힘써야 합니다.

동일하게 비가 내릴 때 그것을 온전하게 내 것으로 받아들이고 많이 수용할 수 있는 것의 핵심은 그릇의 크기입니다. 저수지, 강, 바다에 이르기까지 담대하고 이성적인 마음가짐을 갖출 수 있다면 그는 투자의 현인과 같은 경지에 오를 것입니다.

경험
마음수련
기업 공부
꾸준함과 실천
굴리는 돈의 크기
본인만의 원칙과 철학
논리, 이성, 상식, 합리적인 판단

부자의 마음가짐, 그릇

TV 서민 갑부 2022년 6월까지 1회~387회까지 방영한 것 중 230편 정도를 시청하고 공통점을 느낀 내용입니다.

근검절약

지성이면 감천

두드리면 열린다.

상부상조(相扶相助)

현재에 안주하지 않음

결단력, 추진력, 실행력

평범 or 밑바닥에서 출발

진인사대천명(盡人事待天命)

겸손, 배려, 존중, 나눔, 감사

긍정적인 마인드와 사고방식

끊임없는 노력과 꾸준한 실천

처마의 낙숫물이 바위를 뚫는다.

나 자신과의 싸움에서 승리한다.

각자 주어진 역경과 고난을 극복

실패에서 배우고 반복하지 않으려 노력

본인의 철학과 원칙을 고집스럽게 지킴

나도 잘살고 남도 이롭게 하는 삶 추구

삶이 다하는 날까지 활동적으로 자아실현

경제적 자유와 동네 부자

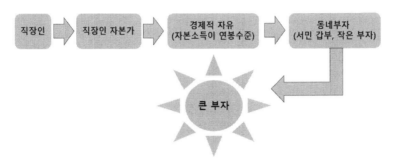

작은 부자는 부지런히 근면, 성실, 노력하면 누구나 가능하다고 말씀드렸습니다. 큰 부자는 하늘의 도움이 있어야만 합니다. 작은 부자의 이전 단계가 경제적 자유의 단계라서 더 이루기가 쉽고 빠릅니다.

임대료, 배당소득 등 뭐든 좋으니 근로소득 이외의 현금흐름으로 직장에서 받는 연봉 수준, 혹은 그 이상을 구축한다면 바로 경제적 자유에 이르게 됩니다. 그 돈이 수십억 필요한 게 아닌데, 사람들은 올바르게 알지 못하는 것도 있지만 더 높은 곳을 바라보는 인간의 본능 때문에 착각을 하고 있습니다.

지금 당장 5억~10억이 현금으로 있다면 바로 경제적 자유이십니다. 3~10%의 배당 우상향 기업으로 계좌의 포트폴리오를 짜시면 세전 년 배당 1,500만 원~3,000만 원(3% 기준), 5,000만 원~1억(10% 기준), 포괄적으로 1,500만 원~1억까지 설정할 수 있기 때문입니다.

어렵게 생각하실 필요가 없습니다. 단순, 명료합니다. 그러나 지금 당장에 보통의 분들은 5억~10억이 없으므로 단계적으로 근검절약하며 근로소득을 자본소득으로 바꾸는 작업을 하라고 계속 말씀드리는 것입니다. 지금부터 쌓아간다고 가정할 시 순수 투입자금 5,000만 원~3억 내외면 10~20년 이내에 모든 것을 이룬다고 말씀드렸습니다.

드리고 싶은 말은 어렵게, 복잡하게 생각하지 말고 단순하게 생각하시라는 것과 나는 이룰 수 없는 꿈이라고 생각하지 말고 나도 꾸준히 실천만 제대로 올바른 길로 가면 도달 할 수 있겠구나 하는 희망을 가지기를 바랍니다.

본업에 충실히 하면서 주변 지인들과 가족들과 행복한 삶을 즐기시고 미래의 노후는 걱정하지 않아도 되고 현재의 삶에 충분하게 집중하여 한 번뿐인 소중한 인생 아닙니까? 다시는 돌아오지 않을 청춘과 인생을 후회 없이 잘 계획하여 삶의 만족을 극대화하기를 바랍니다.

돈은 살아가는 하나의 수단이며 돈보다 중요한 게 건강과 행복입니다. 부디 돈 걱정은 하지 말고 현재를 즐기며 나도 잘살고 남도 돕고 사는 삶을 위한 목적지로의 여정에 이 글들이 지침서가 되고 나침반이 되었으면 합니다.

5.백전백승의 전법

正道와 실천
선승구전
올바른 사례들
투자 입문서
접근방법
시세차익은 덤
산 정상으로 가는 길
무엇을 사 모을 것인가?
어떻게 사 모을 것인가?
포트폴리오 구성 & 비중
끝 맺음말 +

正道와 실천

[正道]

사람은 길을 따라 걷습니다.

길을 따르지 않으면 목적했던 곳에 도착할 수 없습니다.

잘못된 길을 따르면 엉뚱한 곳으로 갈 수밖에 없습니다.

낯선 도시에서 지름길을 찾는다고

골목을 돌아다니면 오히려 손해를 볼 수 있습니다.

사람은 정도(正道)를 걸어야 합니다.

정도란 오랜 세월 시행착오를 거쳐 이루어진 길입니다.

수많은 사람의 지혜가 모여 결정된 길입니다.

역사는 성공으로 가는 가장 확실한 길을 제시하고 있습니다.

그 길은 정직과 성실입니다.

이를 무시하고 꾀를 부리다가 실패하는 경우를 많이 봅니다.

눈앞의 욕심을 주의하십시오.

편하고 빨라 보이지만 결국 위험에 빠뜨리는 길입니다.

정직과 성실로 걷는 길은 느리고 멀어 보이지만

시간이 흐를수록 더 많은 것을 이룰 수 있습니다.

흔들림 없는 성공으로 인도하는 최선의 길입니다.

-손봉호 / 고신대 석좌교수-

[실천]

당나라 시인 백낙천이 물었습니다.

"어떻게 수행해야 합니까?"

조과 선사가 대답했습니다.

"나쁜 짓 하지 말고 선행을 하여라"

"그런 것쯤이야 세 살 먹은 아이도 아는 말입니다."

이에 조과 선사가 말했습니다.

"세 살 먹은 아이도 쉽게 알 수 있으나,

백 살 먹은 노인도 실천하기는 어렵다."

-글, 전등록 중에서-

좁게 보고 지금 당장만 보지 마시고
몇 걸음 뒤로 물러나, 조금 뒤에서
넓게 보고 멀리 보세요...

본능에 이끌려 눈앞의 이익만을 위해
불나방처럼 매매자로 달려들지 마세요.
사막에서의 신기루, 일장춘몽, 아지랑이처럼
가질 수 없는... 만질 수 없는...이룰 수 없는...
허무함과 한숨만이 가득할 것입니다.

올바른 正道와 꾸준한 실천 쪽으로
부지런히 묵묵히 걸어가세요.
지금 당장은 그 목표로 가는 길이
지루하고 재미없을지라도
인내는 쓰나 그 열매는 달콤할 것입니다.

정답은 모두 알고 계십니다.
특별한 지름길이나 방법은 없습니다.
투자 선배들인 현인들이 늘 얘기하는
쉽고 바른길을 따라
그대로 실천만 하시면 됩니다.

①안전마진

②꾸자사모

③감정조절 능력

④행동 지침과 투자원칙

⑤의사결정에 도움 되는 올바른 지적 체계

2, 3, 4 챕터의 모든 글은 결국 현명한 투자의 책에서 언급한 ①~⑤을 지키며 올바르게 하자를 장황하게 풀어쓴 글입니다. 같은 말을 반복적으로 하니 지겨웠으리라 생각합니다. 다들 아시는 기본기인데 그 기본이 제일 중요합니다.

투자에는 왕도가 없으며 기본에 충실하며 지치지 않는 자가 으뜸입니다. 자산 증식에 효율적인 것으로만 보면 근로<사업<투자입니다.

근로소득을 자본소득으로 바꾸는 작업을 하는 궁극적인 이유는 우리 인생에서 흘러가면 다시 오지 않는 가장 소중한 시간을 돈으로 사는 것이며, 正道와 꾸준한 실천은 투자의 성공에 있어서 매우 중요합니다.

正道 길로 꾸준한 실천

부지런히 사서 모으시면 됩니다.

주식투자는 시간과 동맹을 맺는 싸움이다. 짧게 대하면 시간
은 적이 되고, 길게 대하면 시간은 우군이 되어준다.
-스콧 갤러웨이-

어떤 종류의 성공이든 인내보다 더 필수적인 자질은 없다.
인내는 거의 모든 것. 심지어 천성까지 극복한다.
-존D. 록펠러-

투자자가 성공하기 위해 버려야 할 일곱 가지는 조급성, 욕
심, 두려움, 희망, 긍지, 부주의, 도박심리이다. 이 항목들은
모두 심리적 요인들이다.
-책 Timing the Stock Market-

선승구전(先勝求戰)

그 옛날 손자병법에서의 선승구전은 싸우기 전에 이미 승리를 위한 모든 준비와 조건을 갖추어놓는다는 뜻인데, 전쟁에서 이기는 장수는 미리 여러 상황에 대한 계획을 다 짜고 아군이 유리한 상황과 전술에 맞는 지형에서 싸우면 질 수가 없습니다.

반면 전쟁에서 지는 장수는 적을 마주친 후에야 이제 이길 방법을 찾기 때문에 질 확률이 높고 이길 확률은 낮습니다. 즉 이길 수도 있고, 질 수도 있는 것입니다. 선승구전의 전략으로 임한다면 지는 일은 희박하고 이기거나, 비기거나 둘 중 하나가 될 것입니다.

유비무환과 결이 비슷한 거라 보시면 되는데 3단 접이식 우산을 늘 가방에 넣어놓고 다니면 365일 언제 어느 때 비가 오더라도 그 사람은 비 때문에 곤란한 일을 겪을 일은 없을 것입니다.

2018년 12월부터 투자를 시작하고 2019년 초에 우연히 마편배라는 단체 카톡방에 가입하게 되었는데 거기에 방장님께서 프로필 글귀에 적힌 게 선승구전이었습니다. 무슨 뜻인지 궁금하여 인터넷에 검색해보고 투자 초기인 그때 큰 깨달음을 얻었습니다.

그 내용과 뜻대로 실천하기 위해 어떻게 하면 될지를 많이 고민하고 또 생각했고 그 결과 개인적으로 투자 입문 3년 6개

월 만에 매매자가 아닌 正道를 걸어가는 투자자로 큰 성장을
할 수 있었습니다.

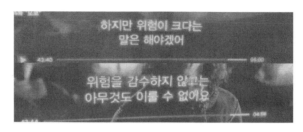

위험을 감수하지 않고는 아무것도 이룰 수 없다는 바이킹스
라는 외국 드라마의 대사처럼, 모든 투자에는 위험과 불확실성
이 있으며, 긍정과 부정, 장점, 단점이 공존합니다.

얼마만큼 확률과 기대수익은 높이고 위험과 불확실성을 줄이
면서 안전하게 평탄하게 투자자로 자산의 증식을 위하여 계획
과 전략을 짜고 실천하는지에 초점을 두어야 할 것입니다.

그 최선이 바로 어떠한 상황에서도 객관적인 정보를 바탕으
로 상식과 논리, 이성에 의한 합리적인 판단과 결정을 하는 현
명한 투자자가 되는 것입니다.

국내와 국외의 투자의 옛 현인과 현재 살아있는 현인들이 공
통되게 조언해주는 투자 방법은 모두 단순하고 쉬운 방법들입
니다. 누구나가 승승장구로 작은 부자가 될 수 있는데 심리적
인 문제가 제일 큰 문제이고 그로 인하여 방법도 같이 잘못되
기 때문에 투자가 어렵게 느껴진다고 생각이 듭니다.

투자는 경력이 중요한 것이 아니라

어떠한 마음가짐으로
어떠한 포지션으로
어떻게 생각하는가?
어떻게 접근하는가?
어떻게 실행하는가?
어떻게 소음과 정보를 구별하느냐
어떻게 묵묵히 견디어 내느냐
어떻게 남들이 쫓아가는 곳의 반대를 보느냐
어떻게 남들이 안 좋게 보는 곳을 다른 시각으로 보느냐

저도 이제 차곡차곡 쌓아가는 초보 입장이지만
투자는 진짜 심플 합니다.

①산다, 모은다.
②산다, 모은다, 기다린다, 판다.
③①~②의 혼합

이익이 계속 증가하는 좋은 회사의 주식을
들고 있으면 당신은 부자가 된다.
-피터 린치-

올바른 사례

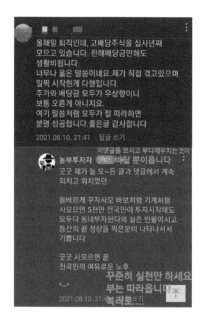

어느 카페에 주기적으로 사 모으자고 글을 올리고 있습니다. 거기에 이미 오래전부터 올바른 투자를 해오고 계시는 선배님의 댓글이 달렸습니다. 작년 기준 14년째 사 모으셨는데 그로 인하여 자연스레 경제적 자유를 달성하신 분입니다.

이런 사례의 올바르게 하시는 분들은 대부분 조용히 계실 뿐입니다. 우리 주변에는 매매자의 포지션으로 접근 후 실패한 사람들만이 주위에 하소연하며 잘못된 인식을 퍼트리고 있습니다.

①국내

어느 카페의 신념 있는 헌터님
118개월(9년 8개월)을 매월 100만 원씩 적립식 투자
순수 적립금 1억 1천 8백만 원
현재 굴리는 돈은 5억 정도

블로그 봉이 님
매월 60만 원씩 13년 정도 적립식 투자
순수 적립 원금 9,500만 원 정도
현재 굴리는 돈 7억

투자 스승인 친구가 만난 50대 전업투자자
20년 전 3,000만 원으로 자금 투입 없이 거치식 투자
20년 후 현재 300억 자산을 일구심

단톡방 어느 현인
삼 OOO 20년 보유 후 액면분할 직전에 정리
삼 OOO 35,900원에 사서 257만 원에 정리
LOOOOO 39,000원에 사서 139만 원에 집 구매로 정리

유튜브의 어느 초보

한OOOOO 2003년 4,673원 3,000만 원 매수

현재 1,423% 4억6천 수익 (2022.06.04. 주가로)

작년 세전 총 배당 1,800만 원, 올해 대략 3,300만 원

배당 우상향~

평생 보유하다 자식에게 물려 줄 예정

단타, 시세차익이 목적이 아니면 우량주의 주가 상승은 불편한 것입니다. 미실현 손익은 덧없습니다. 팔고 더 좋은 것을 찾지 못한다면 기존의 주식을 팔 이유가 없지요.

다른 사람이 시세차익을 본다고 나도 그렇게 잘 할 수 있다고 믿는 순간 우리는 위험에 빠지게 됩니다.

내가 목격한 지인의 시세차익은 그 지인의 수많은 손실을 제외하고 어쩌다 한번 얻어걸린 운을 뽐내는 것입니다.

보수적으로 안정적인 투자를 하시고 나의 재산을 불리는 것보다 나의 재산을 잘 지키시길 간절히 기원합니다.

-단톡방의 어느 현인-

②**해외**(아빠 황소님 글 인용)

Lewis David Zagor
뉴욕의 임대아파트에 살았음
배당금이 소비보다 커서 써도 써도 쌓임
$18M(200억 정도)를 모았음

Jack Gsantner
유니온 퍼시빅 청구 서원으로 일함
20개의 임대부동산과 많은 양의 주식
$5.2M(60억 원)를 모았음

Phyllis Stone
엑손모빌 직원
검소하게 살며 배당을 재투자했는데 몇만 주 보유
$6M(69억) 모음

Curt Degerman
동네의 병과 캔을 모으던 사람임
학교도 졸업 못 하고, 결혼도 못 했다.
매일 동네 도서관에서 경제신문 탐독
병과 캔을 판 돈으로 주식과 금에 투자
$1.4M(16억 원)를 모음

Kathleen & Robert Magowan

캐슬린은 35년간 교사 생활

남동생 로버트는 생명보험 에이전트

둘 다 검소하게 살며 주식을 그냥 모음

$10M(115억)를 모음

Hayford Peirce

공상과학 소설가

20대인 1995년 배당으로 노후 준비를 깨닫고

고배당 14개만 평생 매입하고 배당금은 재투자

2018년에 배당으로 연 $14만 불(1억6천만) 받음

2025년까지 연간 $25만 불(2억9천)이 목표라 함

Ann Scheiber

미 국세청 세모 조사원이며 평생 진급조차 제대로 못 함

우량 블루칩 중 아는 주식만을 골라 사 모았음

50년간 배당 재투자

$22M(250억) 모음

Grace Groner

애봇랩에서 비서로 평생을 일함

방 한켠짜리 집에서 소박하게 삶

근검절약하며 차도 없었음

애봇 랩 자사주를 1935년에 사서 계속 배당 재투자
$7M(80억 원) 모음

Ronald Read
주유소 직원이면서 백화점의 파트 타임 청소부
소비에 관심 없었고
급여의 대부분 잘 아는 기업에 투자, 평생 보유했음.
동네 팬케이크 집에서 아침에 먹는 커피가 낙이라 함
$8M(92억) 모음

기업 공부 적절히 하시고
그냥 사 모으시면 됩니다.
사 모으며 배당 재투자 무한반복
그럼 언제까지?
현금 흐름이 끊기는 그 순간까지

투자 입문서

[단톡방 방장님 추천 입문서]

월가의 영웅(피터 린치)

돈 뜨겁게 사랑하고 차갑게 다루어라(앙드레코스톨라니)

존 템플턴의 가치투자전략

가치투자의 비밀(크리스토퍼 브라운)

작지만 강한 기업에 투자하라(랄프웬저)

위대한 기업에 투자하라(필립 피셔)

이채원의 가치투자

한국형 가치투자전략(최준철, 김민국)

왜 주식인가? (존리)

이기는 투자(피터 린치)

현명한 투자자(야마구치요헤이)

눈덩이 주식투자법(서준식)

소음과 투자(리처드번스타인)

※남산주성님 추천 책이기도 함

[단톡방 방장님이 추천하신 배당투자 책]

절대로 배당은 거짓말하지 않는다.
치과의사의 피터 씨의 똑똑한 배당주 투자
배당투자, 확실한 수익을 보장하는 BSD 공식
난 은행 적금보다 배당투자가 더 좋다.
배당주 투자 바이블
지금 부자들은 배당주에 투자한다.

[정채진 추천 도서]

워런 버핏 바이블

주식시장을 이기는 작은 책

단도 투자

왜 채권쟁이들이 주식으로 돈을 잘 벌까?

가치투자의 비밀(크리스토퍼 브라운)

돈, 뜨겁게 사랑하고 차갑게 다루어라

불황에도 승리하는 사와카미 투자법

위대한 기업에 투자하라

보수적인 투자자는 마음이 편하다.

가치투자가 쉬워지는 V차트

가치투자의 귀재 존 네프 수익률 5,600% 신화를 쓰다.

전설로 떠나는 월가의 영웅(피터 린치)

내일의 금맥

한국형 가치투자 전략

작지만 강한 기업에 투자하라

현명한 투자자, 증권분석

금융투기의 역사

치과의사 피터 씨의 똑똑한 배당주 투자

[VIP 자산운용 신입 애널리스트 필독서]

워런 버핏 바이블
위대한 기업에 투자하라
가치투자, 주식 황제 존네프처럼 하라
주식시장을 이기는 작은 책
초과수익 바이블
현금의 재발견
소음과 투자
경쟁우위 전략

현명한 투자자, 월가의 영웅
한국형 가치투자전략은 이미 읽었다고 가정한다고 함

VIP 자산운용은
가치투자를 지향하는
최준철, 김민국 님이 속해있는 자산운용사입니다.

[바보 농부가 실제 사서 읽은 책과 그 순서]

왜 주식인가?(존리)

작지만 강한 기업에 투자하라(랄프웬저)

한국형 가치투자전략(최준철,김민국)

치과의사 피트씨의 똑똑한 배당주 투자

나는 하루 1시간씩 주식투자로 연봉 번다

주식투자 시크릿(선물주는 산타)

부의 본능(브라운스톤)

배당투자 바이블(안훈민)

현명한 투자자(벤자민 그레이엄)

월가의 영웅(피터린치)

[각종 블로그 서평, 유튜브 영상으로 접한 책]

존리의 모든 책(한권 구매)

박영옥의 모든 책(사서 읽은 적 없음)

배당은 절대로 거짓말하지 않는다.

.

.

그 이외 수시로 보고 싶은 거 있으면 검색해서 봄

[바보 농부가 마음 그릇 키운 방법]

이솝우화, 전래동화
고사성어, 명심보감, 탈무드
무협지, 판타지
좋은 생각(한달에 한권 발매되는 얇은 책)
늘 긍정적인 생각과 사고
명상(22년)

[바보 농부의 투자 멘토]

존리, 박영옥, 냉철
JCTV, 힐링 여행자
박춘호, 전원주, 부자 아빠,
최준철, 정채진
봉이, 선물 주는 산타
마편배 방장님
오OO(투자의 세계로 이끌어준 친구)

주윤발, 추성훈, 기안84

[바보농부가 추천하는 책 읽기 순서]

왜 주식인가(투자의 이유)

배당은 절대로 거짓말 하지 않는다(배당투자 베이스로)

치과의사 피터씨의 똑똑한 배당주투자(배당투자 베이스로)

월가의 영웅(투자의 교과서)

박영옥 책들, 존리 책들(투자의 교과서)

작지만 강한 기업에 투자하라(중소형 기업의 투자이유)

위대한 기업에 투자하라(대형기업의 투자이유)

현명한 투자자(벤저민)(투자의 교과서)

나머진 알아서 끌리는 대로

투자해야 하는 이유를 확인하고

바로 배당투자를 기본으로 투자하는 흐름의 방법입니다.

— —

[틈날 때 읽을 마음 키우는 서적]

부의 본능, 주식투자 시크릿

명심보감, 탈무드

접근 방법

①책, 투자 공부는 적당히
②기업 공부 방법
③투자한 기업 추적관찰
④주가 하락 시 손절매 할 기업은 투자 자체를 금지
⑤투자는 대충, 대충하는 것
⑥열심히 하되 학자가 되지 말자
⑦다른 투자 고수들에게서 배우기
⑧전문가의 말은 참고만

①책, 투자 공부는 적당히

바보가 3년 6개월간 실제로 사서 읽은 책은 세어보니 10권이네요. 간접적으로 읽은 책은 10~20권 되는 듯합니다. 제가 드리고 싶은 말은 꼭 엄청나게 많은 양의 책을 의무적으로 읽을 필요는 없다는 것입니다.

당연히 많이 읽을수록 좋습니다. 책을 통하여 투자에 관하여 재미와 흥미를 느끼고 보다 다양한 지식을 쌓고 자기 계발을 위하여 읽으셔야 합니다. 다만 남이 읽으니깐 나도 많이 읽어봐야 하지 않겠나 하는 그런 식으로는 접근 안 하시는 게 좋습니다.

책은 3~5권 정도만 읽으셔도 충분합니다. (책 좋아하시고 계발 원하시는 분은 차곡차곡 다독 하시면 됩니다) 책을 많이 읽는 게 중요한 게 아니고 1권을 읽더라도 제대로 그것을 내 것으로 흡수하고 융합하여 제대로 적용하며 실천하는 것이 중요합니다.

무기의 종류가 다양하고 많은 게 중요한 게 아니라 한 개의 무기라도 제대로 된 무기여야지만 한다는 것입니다. 무림의 세계에서 잡학으로 많은 무공을 익히고 있다고 무림 고수가 아닙니다.

다양한 무공을 어느 적정 수준의 단계에 이른 사람은 어중이 떠중이의 삼류 무사~이류고수까지는 손쉽게 굴복시키며 이길 수 있지만, 한가지의 무공에 일가견을 이룬 일류고수와 맞붙는다면 이기기 쉽지 않을 겁니다.

일류를 넘어 초절정 고수와 만난다면 결투에서 바로 패배할 것입니다. 한 가지에 정통한다면 초절정 고수와도 밀리지 않을 겁니다.

책뿐 아니라 투자 공부도 적절하게 하시면 될듯합니다. 본업에 집중하면서 하시면 되고 가정을 돌보며 일상생활과 취미활동 등을 하면서 한 번뿐인 인생을 즐기며 사시되 투자는 퇴직까지, 삶이 다하는 날까지 병행해서 제2의 동반자 개념으로 쭉 같이 가셔야 합니다.

하루하고 끝낼 게 아니고, 단기적으로 내 의지대로 마무리 할 수 있는 게 아니기 때문에 적절하게 하면서 현재의 삶에도 충실히 하며 투자 또한 놓지 않고 꾸준하게 공부하시어 단계적으로 차곡차곡 금자탑을 쌓아가시면 될 것 같습니다.

②기업 공부 방법(바보 농부 기준)

탑다운, 바텀업 등으로 기업목록 작성

ㅡㅡㅡㅡㅡㅡㅡㅡㅡㅡ **리스트 모으기**

휴대전화로 네이버 요약과 주요재무, 기업 개요 확인

10년 차트 확인

ㅡㅡㅡㅡㅡㅡㅡㅡㅡㅡ **기업 1차 선별**(2분 이내)

매출, 이익, 부채 등 3~5년 치 확인

각종 지표 확인으로 저평가 여부 확인

배당 이력 10년 치 확인

홈페이지 확인

뉴스 10년 치 확인

경영자 인터뷰 10년 치 확인

블로거 분석 글 10~30개 사이 있는 대로 확인

유튜브 영상 5~10개 사이 있는 대로 확인

사업보고서 정독

미래 성장성 파악

ㅡㅡㅡㅡㅡㅡㅡㅡㅡㅡ **1차 선별 후 심도있게 파악**(3일~10일)

객관적인 정보의 통합

상식, 논리, 이성적으로 판단 후 투자 결정

ㅡㅡㅡㅡㅡㅡㅡㅡㅡㅡ

투자의 비중과 계획 설정

다음날 바로 매수(목표 수량의 50~100%사이)

③기업투자 후 추적관찰

매일~매주 뉴스, 블로거 글들로 기업의 소식 확인

매 분기 기업의 실적과 배당, 보고서 확인

매 년마다 기업의 실적과 배당, 보고서 확인

주변에 휘둘리지 말고, 소음과 정보의 구별

기업이 잘 굴러가는지 끊임없이 관찰

대충 가끔씩 뭐라도 확인 해야 함

방관, 방치 하려면 그럴만한 기업과 동행 하면 됨

④주가 하락 시 손절 할 기업은 투자 자체를 금지

주가 하락시 손절할 기업은 애시당초 시작을 하지 말아야하며 빠지면 빠질수록 감사해하며 계속 모아갈 기업을 공부하여사 모으셔야합니다. 그렇게 하기 위해서는 적절히 기업 공부를 하셔야겠지요. 급등, 테마, 고점 따라잡기는 하지 않는 것이 이상적입니다.

⑤투자는 대충

투자의 접근과 기업 공부는 대충 힘을 빼고 헤야 합니다. 설렁 설렁 하라는 게 아니라 평안하게 긴장하지 말고, 욕심부리지 말고, 조급하게 말고 느긋하게 고요한 마음가짐으로 임해야 한다는 뜻입니다.

몸에 잔뜩 힘이 들어가면 평소에 잘하던 것도 실수하게 되며, 되려던 일도 잘 안되기에 마음을 다스리고 다잡으면서 올바른 正道의 길로 가면 됩니다. 요즘 한창 사람들의 관심이 증가한 에버랜드의 "소울리스좌"를 떠올리시면 되겠습니다. 그 누구보다 틈틈이 짬을 내어 노력과 땀을 아낌없이 쏟아부으면서 기업 투자에 최선을 다하되 쉽게~대충대충~

[대충 살펴볼 것]

경쟁력이 있는가?
저평가 구간인가?
무슨 사업을 하는가?
안전마진이 있는가?
현재 잘 굴러가는가?
유리 바닥이 보이는가?
매출이 우상향 하는가?
이익이 우상향 하는가?
배당이 우상향 하는가?
저위험 고수익 구간인가?
차트상 저점 & 횡보하는가?
미래에도 살아남을 것인가?
앞으로도 잘 굴러 갈 것인가?
사업보고서 사업내용 대충 훑기
남들이 아무도 관심이 없는 기업인가?
기업 리포트 몇 년치 모아서 대충 훑기
충분히 수량을 모아갈 수 있는 기업인가?
내가 대충 쉽게 이해를 할 수 있는 기업인가?
기업의 비중을 어느 정도 할 정도의 상태인 것인가?
지금 잘 못 굴러간다면 앞으로는 잘 굴러갈 것인가?
기업 유튜브 영상 있는대로 선별해서 다 대충 훑기
기업 블로그 분석 글 있는대로 선별해서 다 대충 훑기
기업 10년치 뉴스와 경영자의 10년치 인터뷰 대충 훑기

⑥열심히 하되 학자가 될 필요는 없다.

⑤와 일정부분 이어지는 부분인데요. 열심히 기업과 산업을 공부하되 모두가 학자가 될 필요는 없다고 말씀드리고 싶습니다.. 이해 하고 넘어가면 되며 엄청나게 모래 한 톨까지 세밀하게 파고들 필요는 없습니다.

그 정도의 경지는 그렇게 하고 싶은 분, 그래야 재밌는 분, 그 기업과 산업에 흥미가 있는 분, 그렇게 해야만 안심이 되는 분 등은 당연히 해야겠습니다.

예를 들어 비빔밥을 우리가 먹는다 가정했을 때 이 비빔밥 맛있네, 맛 없네 등의 각자의 맛 평가 정도면 충분하다는 겁니다. 거기에서 좀 더 나아간다면 각 재료별로 국내산인지 외국산 어디인지 등을 알아보는 것 까지입니다.

시금치와 고사리, 무생채 등의 속 재료와 참기름 등이 몇 그램씩 들어갔고, 달걀은 어디 농장에서 왔으며, 쌀은 어디에서 온 무슨 종류, 이렇게 까지는 그렇게 막 추천하지는 않습니다.

학자처럼 파고 든다고 무조건 승승장구 하는 것도 아니고, 융통성 있게 한다고 해서 손실 보는 것도 아닙니다. 저는 학자처럼 파고드는 스타일이 아니고 대충대충 하는 스타일입니다. 대충이지만 대충이 진짜 대충한다는 뜻이 아니라는 것을 알 것이라 생각 듭니다. 제가 드리고 싶은 말은 우리의 한정된 에너지를 효율적으로 쓰면서 최대의 효율과 성과를 얻을 수 있도록 해야 한다는 것입니다.

⑦다른 투자 고수들에게 배우기

기업 투자가 참 좋은 게 아무것도 몰라도 된다는 것입니다. 일자무식도 승승장구로 부의 길로 갈 수가 있습니다. 세상이 너무나 좋아졌기 때문인데요. 나보다 똑똑하고 현명한 사람들이 많이 계시고 그분들이 투자 까페, 본인들의 블로그나 유튜브에 글과 영상들을 공유해주십니다.

거기에서 새롭게 수많은 투자 아이디어와 통찰력 등을 얻을 수도 있고, 내가 궁금해하는 특정 기업에 대한 분석글도 검색 몇 번에 많은 정보를 얻을 수가 있습니다. 정보의 바다에서 여러 객관적인 정보를 통합하여 받아들이시고 걸러내시면 됩니다.

나의 논리적, 이성적, 상식적인 사고에 더하여 합리적인 판단과 결정만 하시면 되는데요. 자꾸 그렇게 여러 좋은 글들과 영상을 보게 되다 보면 기업과 산업을 분석하는 법과 중요하게 봐야 하는 점들 등 자기도 모르게 조금씩 조금씩 눈이 뜨입니다.

서당 개 3년이면 풍월을 읊는다는 말이 괜히 나온 게 아닙니다. 고수들을 벤치마킹하면서 나만의 방법과 길, 원칙과 철학을 차곡차곡 정립할 수가 있습니다. 노력 여하와 자질에 따라서 자기도 모르게 큰 그릇의 사람으로 성장이 가능하며, 옛날과 현대의 현인, 뛰어난 개인투자자들을 벤치마킹하는 것만큼 확실한 투자 교과서는 없다고 생각합니다.

⑧전문가의 말은 참고만

2021년 8월경에 모건스탠리에서 삼○○○을 겨울이 오고 있다면서 목표 주가를 하향했는데요. 몇일 후 삼○○○이 3~4%주가가 오르니깐 갑자기 말 바꾸더니만 강력 추천 매수로 입장을 바꾼 사건이 있었습니다.

이번 뿐 아니라 지난 몇십 년 동안 시장에서는 계속 반복되어 온 일이고 자본주의가 망하기 전까지도 계속 반복될 현상입니다. 기관, 애널 리스트도 믿지 마시고 유튜브 및 전문가들도 믿지 마세요. 오직 본인의 합리적인 결정과 판단만을 믿으시기 바랍니다.

유튜브에 썸네일을 보면
"지금 ○말고 ○사면 됩니다."
"이 ○기업은 외국인이 계속 살 수밖에 없습니다."
"○ 다음은 ○입니다."
"앞으로 몇 년뒤 부자 될 기회가 옵니다. 그때 ○사세요"
"올 하반기 큰돈 벌 기회옵니다. 그때 ○사세요"

전문가 및 애널리스트들의 영상과 자료를 보실 때는 그들을 통하여 개인인 내가 그 산업과 기업에서 알 수 없는 정보들을 듣고 알 수 있기 때문에 그런 정보들을 얻기 위하여 보시면 됩니다. 더불어 이 책의 처음부터 맨 마지막까지의 모든 글이 접근방법에 관한 내용이라 보시면 됩니다.

시세차익은 덤

주가는 사업이 번창하면 따라와요. 기업이 이렇게 먼저가고, 실적이 이렇게 가고, 주가는 이렇게 같이 따라옵니다. 그게 보통의 주식 투자이구요. 실제 기업을 분석하고 투자를 하게 되면 주가가 빠졌을 때는 더 매수를 하게되요.

왜냐? 이 회사는 1년, 2년, 5년 뒤에 더 커질 것이 뻔하잖아요. 그럼 당연히 좋은 회사는 더 사아죠. 가격이 떨어지는 것은 축복입니다. 내가 그 회사를 잘 알고 있으면 가격이 떨어질 때 마다 더 사고 싶어요.

근데 반대로 내가 그 회사를 모르고 그냥 투기나 노름처럼 투자를 한다면 주가가 떨어지면 불안합니다. 어디까지 더 떨어지지...? 하...어떡하지? 어떡하지? 하...나 이거 전세금 돌려줘야 하는데...병원비인데...이렇게 하면 안되구요.

한 5년, 6년 이렇게 쭈우우우욱~ 투자할 수 있는 돈, 내가 잊고 있어도 되는 돈으로 투자를 하시면 되고, 그런 돈이 성장하는 회사! 내가 정말 잘 알고 분석했던 회사에 투자를 하시면 주가가 떨어질 때마다 더 사게 되요.

전혀 불안하지 않죠. 왜? 나는 이회사 5년 뒤에 6년뒤에 팔거니까 지금 가격이 떨어지면 땡큐우~ 더 사는거죠. 내가 투자한 회사는 내가 가장 많이 알아야 되요. 내가 투자한 회사에 대해서 이야기를 한다고 하면 3시간이고 4시간이고 즐겁게 이야기를 할 수 있어야됩니다.

가격은 떨어졌는데 기업은 그대로 실적은 잘 내고 있어요. 그러면 더 사야죠. 그게 주식투자입니다.

-소소하게 크게님-

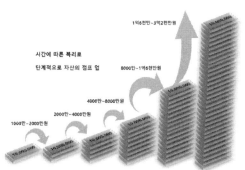

　시세차익은 훗날 자연스레 따라오는 덤입니다. 우리가 집중해야 할 것은 매년 배당소득 등의 증가를 통한 자본소득의 년봉 or 그 이상 구축인데요. 배당의 증감과 누적으로 인하여 시간이 지남에 따라 자연스레 자산의 점프 업이 단계적으로 일어나게 됩니다.

　주가 자본소득, 부가 시세차익이지만 이것이 운과, 노력, 경험 등에 의해서 역전되어버리는 경우가 가끔식 생길 수 있습니다. 그러면 시간을 앞당길 좋은 기회로 삼으면 될 것입니다.

　주를 시세차익으로 하고 싶으시면 남들보다 더 노력하고 연구하고 계획 세우고 현명하게 투자하시면 됩니다. 정답은 없고 각자의 역량대로 계획짜서 하는게 가장 이상적인 투자법이 아닌가 싶습니다.

　다들 짧은 단시간 내에 대박을 노리는 뻥튀기를 따라가기 때문에 무수히 많은 사람이 실패를 맛보게 됩니다. 긴 시간을 두고 대박을 노리는 뻥튀기를 따라간다면 성공할 확률은 매우 높을 것입니다.

산 정상으로 가는 길

정상을 목적지로 등산할 때

헬기 타고 올라가는 사람

케이블카 타고 올라가는 사람

절벽으로 암벽등반 해서 올라가는 사람

차근차근 한 걸음씩 걸어 올라가는 사람

쉬지 않고 한번에 올라가는 사람

가다 쉬다를 반복하며 페이스대로 올라가는 사람

타고난 사람, 특별한 사람은 헬기나 케이블 타고 단숨에 목적지까지 갑니다. 그 이외에는 절벽으로 가거나 보통의 길로 가거나 두 가지인데 빨리 올라가려고 절벽을 선택한 사람들 중에는 과연 정상을 찍고 다시 집으로 돌아간 사람들이 별로 없을 겁니다. 소수만이 살아남기 때문입니다.

시간이 조금 걸리지만 정상적인 길로 산을 오르는 사람들은 모두 정상을 찍고 안전하게 집으로 귀가합니다. 개인에 따라서 시간의 차이가 날 뿐이지만 모두 즐겁게 등산하고 가벼운 발걸음으로 하산하지요.

우리가 갈구하고 찾는 목표인 경제적자유라는 보물은 산 정상 어디인가에 묻혀있습니다. 그 보물의 양은 전 국민이 평생 다 같이 퍼다 써도 소진되지 않을 정도의 아주 어마한 양이 묻혀있습니다.

그러므로 일찍 도착하든, 좀 늦게 도착하든 상관이 없습니다. 각자 모두 보물의 위치가 표시된 보물지도 한 장씩 다 손에 쥐고 있습니다.

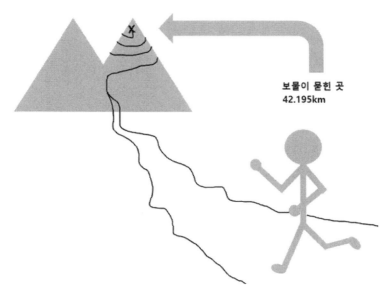

보물이 묻힌 곳
42.195km

보물 지도를 줄 수 있고, 보물이 묻힌 위치를 얘기해줄 수 있으나 가져다줄 수는 없다. 혹은 어디서 보물 지도를 주었다 해도 들고만 있으면 아무것도 가질 수가 없다. 직접 발로 뛰어다니며 그 산속의 보물 지도를 보면서 찾아내야 온전히 그 금은보화가 너의 것이 된다.

어릴 때 들은 내용입니다. 실천이 중요하다는 뜻입니다.

무엇을 사 모을 것인가?

작지만 강한 기업

위대한 기업

ETF

[작지만 강한 기업]

통상적으로 중형, 소형기업을 지칭하며 존리의 왜 주식인가를 읽은 직후 두 번째로 읽은 책이 작지만 강한 기업이라는 책이었습니다. 세 살 버릇 여든 간다고 초기에 이 책을 읽고 투자자로서 방향성에 큰 길잡이가 되었습니다.

지금의 나의 위치에서 가장 최소의 자금으로 최대의 효과를 낼 방법을 생각해 봄으로써 투자의 계획을 세우는 데 큰 도움이 되었습니다.

대부분의 인식은 중, 소형기업은 위험이 크다고 알고 있지만, 실상은 그렇지 않습니다. 위험은 대형, 중형, 소형 큰 차이가 없다는 생각입니다. 어떤 기업을 어떤 시기에 어떠한 방식으로 투자하느냐에 따라 그 모든 위험과 수익의 상관관계가 정해지는 것이지 단순히 시가총액이 작다고 위험한 것이 아니라는 말씀을 드리고 싶습니다.

하지만 언론매체나 여러 영상에서는 더 위험하다고 합니다. 바보가 볼 때는 그렇지 않다는 결론이며 대형기업도 위험의 정도가 더 심했으면 심했지, 떨어지지는 않습니다. 중소형, 대형 둘다 동일선상에 올려놓고 봐주면 될듯합니다.

작지만 그들만의 영역에서 시장독점력, 경쟁력, 성장성에 주주환원까지 있는 기업은 중소형, 대형을 막론하고 튼튼하고 안정적입니다. 그런 기업들을 찾아서 포트폴리오 짜서 비중맞추어서 기업과 동행해야겠지요

줄 서서 먹는 맛집을 생각해봅시다. 위대한 기업 대형기업이 호텔에서 파는 멋지고 근사한 음식이라면, 작지만 강한 중, 소형기업은 동네의 맛집 혹은 지역의 맛집이라고 생각하시면 될듯합니다. 규모가 작더라도 경쟁력이 있고 삶에 있어 필수 불가결한 곳은 코로나 등 경제상황과 관계없이 잘 굴러가고 지속적으로 성장합니다.

그래서 기업을 선별하고 선택하는 그 눈을 키우는 게 꾸준함과 실천력, 안전마진과 더불어서 투자자의 가장 중요한 덕목 중 하나로 꼽고 싶습니다. 만약에 대비하여 분산이라는 안전장치가 또 있으니 크게 걱정할 것은 없습니다.

내 주위에 울타리로 1차 방어선에, 2차 방어선, 3차 방어선, 4차 방어선... 겹겹이 둘러쌓아 빈틈없는 방어력을 우선시 하면서 최선의 공격력을 낼 수 있는 무기를 갈고 닦아서 휘두르는 게 가장 이상적입니다.

[위대한 기업]

저는 위대한 기업을 읽지 않아서 그 내용을 알지 못합니다. 하지만 돈 잘벌고 튼튼하고 성장성이 무궁무진하며 독점력과 시장에서의 우위에 있는 삶과 뗄레야 뗄수 없는 기업인데 중소형보다는 대형기업에 더 많이 포진해 있다고 생각합니다.

에셋플러스 자산운용의 강방천 회장님의 11가지관점

고객이 떠날 수 없는 기업

고객이 늘수록 고객이 좋아하는 기업

내 삶을 지탱하고 깨우는 기업

불황을 즐기는 일등기업

누적적 수요를 쌓아가는 기업

소비의 끝단을 장악하고 있는 기업

시간의 가치를 쌓는 기업

소유의 소비에서 경험의 소비로 이동을 만드는 기업

늘어나는 인구를 고객으로 하는 기업

멋진 자회사를 보석처럼 품고있는 기업

유능한 리더가 있는 기업

강방천 회장님이 말씀해주신 것이 위대한기업과 그 결을 같이 한다고 개인적으로는 생각합니다. 우리 주변에 우리와 함께 평생을 동반할 위대한 기업이 넘쳐나며, 그 기업들을 골고루 사 모아서 여유로운 노후를 대비해야 합니다.

[ETF]

모둠 요리처럼 펀드매니저가 임의대로 묶은 것입니다. 요즘 섹터별로 추종 ETF가 많고 다양한 종류의 ETF 들이 생겨나고 있습니다. 과거부터 지금까지 오랜 기간 수익을 증명해낸 지수 추종 ETF들도 있습니다.

지수 추종과 섹터별 ETF는 나쁘다는 게 아니라 개인적으로는 좋아하지 않습니다. 내 의지대로 내가 할 수 있는 게 없기 때문입니다. 기업을 편입시키고 편출의 주체는 펀드매니저의 소관입니다.

나는 어느 기업을 그대로 유지하고 싶거나 혹은 어느 기업은 투자하기 싫은데 묶여있다는 이유만으로 같이 들고 가야하며 내 의지와 상관없이 펀드매니저의 생각과 판단에 의하여 지속적으로 변동이됩니다.

기업 공부하고 투자에 힘쓸 시간이 없는 분들은 ETF가 대안이 될 수 있으나 저와 같이 직접 공부하고 경험 쌓으며 실력키우고 제대로 하려는 초보 투자자분들이나, 실력이 뛰어난 무림 고수분들은 ETF는 주가 아니라 부가 될 것입니다.

그러므로 특별한 상황이 아니면 ETF는 퇴직연금 DC로만 운용하는 걸로 하는 것을 추천 드립니다. 다만 이러한 것들과 상관없이 누구나 사 모으며 평생 동반하면 좋을 것들이 있습니다.

그것은 바로 고배당&리츠 ETF입니다. 미국의 월별, 분기별 고배당 ETF나 한국의 고배당ETF가 그것인데요. 점진적으로 꾸준하게 매월, 매분기, 매년 배당의 증감(분배금)으로 자본소득의 증가가 굿굿입니다. 핵심은 팔지 않아도 소유하고만 있어도 끊임없이 증가되는 배당입니다.

왜 지수나 섹터별 ETF를 추천하지 않았냐 하면은 그것은 배당은 쥐꼬리만 하거나 아니면 안주거나 하는데 나중에 세월이 지나서 결국은 그것을 팔아 써야만 유의미한 현금이 내 주머니에 들어오기 때문입니다. 고배당 ETF들은 평생에 걸쳐서 사서 모으면 굿입니다.

작지만 강한 기업은 부로 가는 가장 빠른 지름길(축지법)
위대한 기업은 안정적으로 우상향하는 길(경보)
ETF는 안정적이면서도 안정적인 길(꽃길)

부의 속도는 축지법 > 경보 > 꽃길
안정성은 축지법 < 경보 < 꽃길

①평생 복리로 배당 우상향하며 죽을 때까지 들고 갈 기업
②저평가&관심 無 사 모아서 제 가치&급등시 정리할 기업
③성장하는 기업과 동행하며 성장 정체될 때까지 동행
④①~③을 적절히 혼합

어떻게 사 모을 것인가?

[투자 is Simple]

①산다, 모은다. ▶ 배당 복리로 굴린다.

②산다, 모은다. ▶ 기다린다. ▶ 판다.

③1+2번 혼합

①산다, 모은다. 배당 복리로 평생 보유하며 우상향

주변에 가끔 투자를 권할 때 늘 얘기해주는 방법입니다. 아주 단순하지만 그 어떠한 방법보다도 좋고 느린 것 같아도 가장 빠르며 지루하지만 확실합니다.

복리 또한 온전히 누릴 수 있습니다. 이 책을 작성하는 목적이 ①을 알리기 위함이기도 하며, 필요한 덕목은 자본주의와 투자의 당위성, 필요성을 이해, 적절한 기업 공부 후 적절한 집중, 적절한 분산 등으로 퇴직까지 사 모을 수 있는 실천력입니다.

원금손실의 함정에만 신경을 쓰지 않을 수 있으면 탄탄대로입니다. 원금손실을 최대한으로 줄이자 한다면 공부와 인내의 정도가 더 많이 필요합니다. 시기적절한 진입 시기와 장기간 횡보에 견딜 수 있는 마음이 필요합니다. 그래야 고점에서 사지 않고 흘러내리거나 횡보할 때 담아놔야 손실의 변동 폭이 최소화하기 때문입니다.

②산다, 모은다. 기다린다. 판다.

저평가 기업이나 성장 전, 성장 중의 기업, 급등 전 단기매매 등을 위해 미리 매수하여 제 가치 올 때까지 혹은 성장이 무르익을 때까지, 급등할 때까지 기다린 후 정리하는 모든 것이 이에 속합니다.

개인의 경험과 실력, 운에 따라서 극과 극으로 투자의 결과 값이 나오며, 마음은 승승장구이나 어느 하나 쉬운 게 없습니다만 급등, 테마, 고점 따라잡기만 피해도 장기적으로 손실 보는 일은 없을 것으로 생각됩니다.

결국 어느 방향으로 투자를 하든지 간에 원시 본능을 극복하고 마음을 다스리는 것은 기본으로 장착 후 무엇이든지 간에 지우개 똥 붙이듯이 하나씩 흡수해서 내 것을 만들면 백전백승의 기틀을 다질 수가 있습니다.

③①+②의 혼합

가장 이상적인 것은 ①+②으로 각자의 나이와 상황에 맞게 포트폴리오 구성 후 계획 있게 융통성 있게, 현명하게 투자하는 것입니다. 젊고, 어릴수록 투자할 수 있는 물리적인 시간이 많아서 좀 더 공격적으로 해야 하며, 나이가 들수록 안정적인 포트폴리오를 꾸려야 할 것입니다.

[유형]

①적립식
②적립식＋거치식, 거치식＋적립식
③거치식
④①~③혼합

①적립식

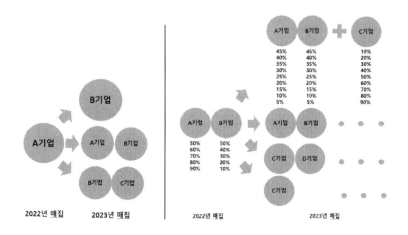

일단은 우리의 평범한 직장인의 매월 투자를 위해 쓸 수 있는 여유자금이 10~100만 원인데요. 1년에 1개~2개를 계속해서 매집하고, 다음 해에 또다시 계속 동일하게 매집하든지 아니면 새로운 기업을 편입해서 매집하던지, 전년도에 매집하던 것을 매집하면서 새로운 걸 같이 매집하던지 등등 경우의 수가 너무나 많네요.

솔직히 매달 30~50만 원 적립하는데 2개, 3개씩 분산은 말이 안 된다 생각하지만, 사람마다 하는 성향과 방법이 달라서 각자 하시라 말씀드리고 싶지만 10~100만 원은 1년에 1개 기업씩 모아간다 생각하고 반복 작업으로 사 모아가는 게 좋을 듯싶습니다.

50만 원씩 1년 적립하면 600, 70만 원씩 1년 적립하면 840, 80만 원씩 1년 적립하면 960, 100만 원씩 1년 적립하면 1200. 모아가는 과정에서 자연스럽게 적절히 집중, 적절히 분산되게 하셔야 합니다.

모아놓은 목돈이 없거나, 이제 처음 시작하는 사람들, 혹은 차곡차곡 경험도 쌓으며 투자 공부도 같이하며 단계적으로 성장하려는 분이 쓰면 좋은 방법입니다.

②적립+거치, 거치+적립

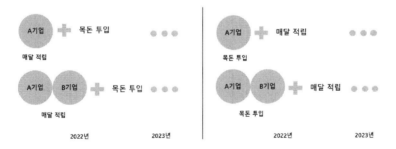

목돈 투입 후 적립으로 계속해서 모아가던지, 적립하다가 목돈도 추가로 같이 투입하던지, 어떻게든 어느 기업을 어느 비중으로 어느 금액까지 사모아 가겠다 하는 각자의 계획에 따라

서 그 비중과 금액을 채울 때까지 부지런히 담아가는 방법입니다.

저평가 기업 및 지금 당장 매수하고 싶은 A라는 기업이 있을 때 내가 A 기업에 생각한 비중 100% 및 생각한 금액 중에 맞추어서 미리 목돈으로 30~90% 미리 매집 후 그 뒤에 적립식으로 매월 채워갑니다.

아니면 적립식으로 채워가다가 들고 있는 목돈으로 하락 시, 하락하든 오르든 상관없이 유동적으로 각자의 판단에 따라 채우는 겁니다. ①,②,③모두 경우의 수가 제법 되기 때문에 현명하게 계획 짜서 하면 됩니다.

개인의 성향에 따라 달라지는데 주가의 하락에 민감한 분들은 더욱더 쪼개서 사야 할 것이고, 별로 개의치 않거나 안전마진과 바닥을 확실하게 확인하고 상관없다 하는 분들은 처음 진입 비중을 크게 할 것입니다. 바보 같은 경우는 하락에 무덤덤하여서 목표 100% 중 70~90% 물량을 바로바로 사는 편입니다.

경험과 실력이 쌓임에 따라서 훗날 굴리는 자금의 크기가 비례하여 커지게 될 텐데 투자 입문부터 ①과②을 반복적으로 사용하면서 익숙해지고 훈련이 된다면 어떠한 성격의 기업과 종류의 기업이든 여러 조건을 비교하여 현재 상황에서 각자가 판단하는 최상의 시나리오대로 포트폴리오를 구성하고 비중을 설정하는데, 적재적소에 현금배치를 하는데 큰 밑거름이 될 것입니다.

③거치식

①과②역시 차곡차곡 모았다면 기업과 동행하며 1~5년, 혹은 평생 보유 등의 기다림의 시간이 추가되어야 완벽한 하나의 작품이 완성될 것입니다. 거치식은 사놓고 완전히 잊어버리는 겁니다.

굴리는 자금이 많거나, 혹은 신경 쓰지 않을 여윳돈으로 평안한 투자를 하는 분들이 많이 쓰는 방법입니다. 바보가 보기에 자산의 퀀텀 점프는 저평가 기업 사놓거나, 이제 성장하는 저평가 및 적정가격의 기업에서 3~5년 이내에 한 번씩 일어날 수 있다는 생각입니다.

④①~③혼합

어느 하나를 고집해서는 안 되고 ①~③번을 골고루 통합적으로 적용하며 써야 가장 이상적일 듯싶습니다.

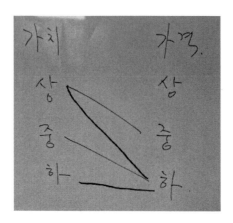

　　마편배 쌀○님이 제공해주신 사진에다 바보의 생각을 추가하여 줄을 그었습니다. 가치와 가격 간의 괴리가 있는 것을 찾아 저평가 기업 등을 찾아 안전마진을 극대화하여야겠습니다.

　　가치 상—가격 중, 하
　　　　　　　　　　　　보통의 상황
　　가치 중—가격 하

　　가치 하—가격 하　　　미리 찾아서 발굴

　　가치가 "하"라고 해서 기업이 못 굴러간다는 뜻이 아니라 잠룡이라고 생각하면 되겠습니다. 현재의 숫자로 보이는 것은 "하"이지만 그 속에 숨은 가치는 "중", "상"이라는 판단이 들면 성장전에, 남들 눈에 띄기 전에 미리 발굴하여 선제적으로 모아가야겠습니다.

원시 본능과 기업 공부 부족, 마음수련 부족으로 대부분 제대로 하지 못하고 있는 부분인데요. 쌀 때 기회라고 생각하고 사 모아야 하는데 저렴할 때는 가만히 있다가 비싸지면 우르르 군중심리로 몰려서 사는 것을 반복합니다.

곰곰이 잘 생각해 보시기 바랍니다. 나는 어떠한 투자를 해오고 있었는지를 되짚어보시고, 기업을 적절히 공부하여 적절한 분산, 적절한 집중으로 주가의 하락을 이유로 손절매하지 않을 기업을 선택하여 꾸준히 사 모으시기를 바랍니다.

3만 원에 애용하며 사 먹던 제품이 10~30% 할인 행사를 하면 유통기한 고려해서 왕창 미리 사서 냉장고에 보관 할 건데 저만 그런가요? 그 제품의 맛과 질을 확실히 안다면 할인 행사에 이전에 샀던 값을 지불하고서 더 많이 살 수 있는 행운입니다.

하락할 때 살 수 있는 바탕은 기업에 관한 공부와 믿음, 올바른 투자관이 정립되어야만 가능합니다.

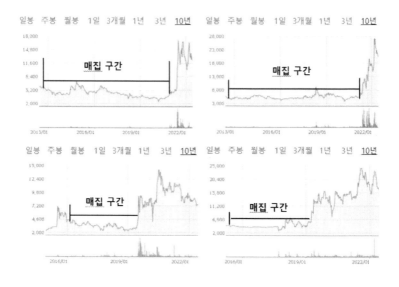

　장기보유와 비자발적 보유(95p)를 잘 구별하여 기업과 올바른 동행을 해야 합니다. 미리 매집해서 훗날 배당과 시세차익 다 짭짤하게 내던지, 계속 사모아서 배당 누적으로 우상향 하던지, 두 방법을 병행해서 하든지 해서 계단식으로 자본소득의 증감과 자산의 증감을 이뤄내야 합니다.

　①미리 매집해서 장기간 기다리기
　②오르든 말든 매집하며, 다 매집 후 장기간 동행

어떠한 방법이든지 올바르게 제대로만 하면 우상향입니다.

포트폴리오 구성 및 비중

매월 증권계좌 적립금이

많으면 많을수록 좋지만

통상 매달 10~100만 원 사이

젊을수록 적은 금액으로 준비할 수 있음

바보의 추천은 50만 원 이상(최소 20~30만원 이상)

돈 없다 하지 마시길…. 근검절약하면 20만 원은 마련 가능

젊을수록 배당 안주거나 눈곱만큼 주는

성장주 투자는 대안이 아니다. (ex 네OO, 카OO, 더존OOO)

군이 정통적인 성장주를 담아야겠다면

성장주라 지칭하는 모든 것은 포트폴리오에 10~30%만

하루라도 젊을 때 빠르게 배당 우상향의 기업을 구축 해야!

지금 받는 1~8% 사이의 배당률은 10년~20년, 30년 뒤에

20%~50%, 70%를 넘어 2배~5배, 7배 등까지 받습니다.

①성장주라 지칭하는 것들

②배당 우상향의 중소형, 대형 성장기업(몇 년마다 정리)

③배당 우상향의 중소형 성장기업(평생 보유할 것)

④배당 우상향의 대형 성장기업(평생 보유할 것)

크게 4가지로 나눠볼 수 있습니다.

각자의 상황과 능력, 역량, 목표, 계획에 맞게 선택

바보는 ②번을 선택하여 100% 비중으로 투자 중입니다.

바보의 혼자 끄적임이니 성장주 하고 싶으면 하면 되고

남의 말 듣지 말고 각자 판단하여 제일 나은 선택으로 결정

실패해도 본인이, 성공해도 본인이 짊어지고 가는 것입니다.

확신이 있다면 집중을

종잣돈이 작다면 집중을

빠르게 부를 이루고 싶으시다면 집중을

모든 것을 감내하고 견딜 수 있다면 집중을

알쏭달쏭하면 분산을

지키는 투자를 하고 싶으면 분산을

성격이 집중투자를 할 수 없다면 분산을

안정되게 유지하며 단계적으로 오르고 싶다면 분산을

바보의 여정

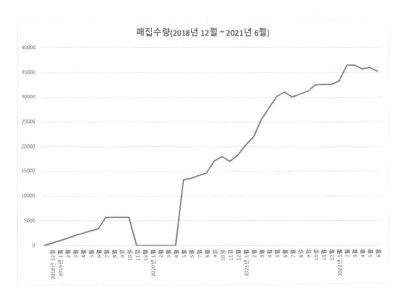

1개의 기업을 지난 2018년 12월부터 현재까지 3년 7개월 동안 부지런히 기업의 지분을 모아서 현재 35,200개입니다. 36,000~37,000개까지 목표 수량이라 부지런히 모을 생각입니다. 다 모은 후에는 2030년 1월 2일까지 장기동행을 생각하고 있으니 이 기업과 동행 기간은 11~12년쯤 되겠네요.

이 기업은 37,000개가 목표이고 사 모아 가면서 새로운 1개의 기업을 편입할 생각이며 2030년까지 같이 사 모아 갈 계획을 잡고 있습니다. 배당 누적에 배당 재투자, +로 덤으로 얻는 시세차익까지 왕창 얻을 원대한 꿈을 품고 기업과 동행하는 전략을 펼치고 있습니다.

바보는 적정기간+긴 시간에 걸쳐서 몇 년마다 자산의 퀀텀 점프를 계획하고 투자하고 있습니다. 몇 개월 내의 단기적인 퀀텀 점프를 노리는 것은 매매자의 입장이라 생각하고 있습니다.

자본주의는 기업과의 장기동행으로 그 기업이 성장하고 발전함에 따라서 같이 그 부의 추월차선에 올라타서 달콤한 열매를 얻음으로써 기업이 잘 굴러갈수록 주주인 저와 같은 평범한 사람은 그냥 가만히 본인의 삶을 살면 자연스레 부가 얻어지는 구조입니다.

동네 부자와 그 이상의 위 단계까지 가는 길에 많은 기업이 필요하다 생각하지 않습니다. 단 5개 ~10개 미만이면 충분하다 배웠고 그렇게 생각하기에 선택과 집중의 길로 걸어가고 있습니다.

저는 3년 7개월 동안에 기업의 지분을 매집할 때 늘 마이너스였습니다. 3년 5개월이 늘 마이너스 구간이었고 부지런히 모아갔습니다. 모아가는 데 주가가 팍 수직 상승을 바라지 않았습니다. 제가 매월 투입할 수 있는 돈은 정해져 있었기에 목표 수량까지 모아야 했기 때문에 주가 하락이 반가웠습니다.

주가는 현재 시점에서 상방과 하방으로 마이너스와 플러스 20~50%까지 열린 마음을 두고서 계획해야 하며, 저는 안전마진 깔고 들어간 후 기업을 추적 관찰하며 그 기업이 잘 굴러가는지 못 굴러가는지, 방향성과 성장성, 발전성 그것만 봅니다.

바보의 최종 목표는 저도 잘 먹고 잘살고 우리 가족과 저의 의식주, 여가생활, 문화생활 등 빼고는 매년 나오는 자본소득을 모두 기부하며 봉사하며 평생 그렇게 사는 꿈을 꿉니다. 멘토 중 한 명이 주윤발 형님입니다.

자본주의는 그냥 기업에 묻어가면 됩니다. 크게 애쓸 것도 없고 현재의 주어진 삶에 충실히 하면서 행복하고 즐겁게 인생을 즐기는 것과 동시에 본업에서 나오는 현금 흐름으로 각자 동행할 기업의 지분을 조금씩 사 모으면 됩니다.

아무것도 가진 게 없는 사람이라도 무슨 일이든지 하면서 차곡차곡 배당 우상향의 기업 지분을 꾸준히 모으세요. 처음에는 미미하나 해를 거듭할수록 복리로써 부자가 됩니다.

저의 여러분의 시작은 미미하고 초라하지만
그 끝은 창대할 것이라 믿습니다.

끝맺음의 말

전문가의 말, 남의 말은 싹 다 무시하고 참고만 하세요.
전문가들에게는 내가 알 수 없는 정보만 취득하면 됩니다.
급등, 테마, 고점 따라잡기 하지 않는다는 가정하에
오직 본인의 판단과 결정, 경험을 믿으시기를 바랍니다.

투자는 너무 쉽습니다.
아주 단순하고 쉬우며 간결합니다.
투자가 겁나시는 분은 깊게 생각하지 마세요
적절히 기업 공부하고, 적절히 노력한 후
상식, 논리, 이성적으로 사고하고 접근하여
그냥 사 모으며 기다리고, 복리로 굴리면 됩니다.

버핏과 피터 린치 등
살아있거나 돌아가신 현인들이 공통으로 얘기하는
철학과 원칙, 방법들은 매우 분명하고 단순합니다.
그것을 우직하게 실천하느냐에 따라 모든 것이 달려있습니다.

부득탐승(不得貪勝)

승리를 탐하면 이기지 못함을 이르는 격언

이기려는 목적에만 지나치게 집착하면 그르치기 쉽다

신물경속(愼勿輕速)

속단하고 덤비면 위험하다는 뜻

경솔하게 서두르지 말고 신중하게 생각하라

피강자보(彼强自保)

상대가 강하면 나의 안전을 보강하라

소수의 병력으로 적지에 들어가 대군과 맞서지 말라

사소취대(捨小取大)

작은 것은 버리고 큰 것을 취하라

소를 탐하다가는 큰 것을 잃는다. (소탐대실)

-위기십결, 왕적신-

먼저 계획을 세워라

위기가 기회이다.

급할수록 돌아가라.

유리함을 선점하라.

선택과 집중을 해라.

긍정은 가장 큰 힘이다.

흔들리지 않음은 산처럼 하라

적에게 빈틈이 생길 때까지 기다려라

이왕 꺾으려면 높은 곳에 있는 꽃을 꺾어라

패하지 않을 상황을 만들어 놓은 후 싸워라

적을 알고 나를 알면 백번을 싸워도 위태롭지 않다.

적을 알지 못하고 나를 알면 한번 승리, 한번 패배

적도 알지 못하고 나도 알지 못하면 싸울 때마다 위태롭다.

싸울 수 있는 경우, 안 되는 경우를 아는 자는 승리한다.

많은 병력과 적은 병력의 사용법을 아는 자는 승리한다.

원칙에 근거하여 적과 맞서되 변칙, 임기응변으로 승리한다.

> 자연의 열매가 태양아래 익듯
> **토자의 열매는** 인내아래 익는다.

기업의 지분을 사 모으고

기업의 주주로서 같이 동행하며

기업의 성장에 따른 과실을 같이 나누어 가져야합니다.